U0937816

追梦

【一位数学教师的四十年教育实践】

贾国富 著

暨南大学出版社
JINAN UNIVERSITY PRESS

中国·广州

图书在版编目（CIP）数据

追梦：一位数学教师的四十年教育实践/贾国富著．—广州：暨南大学出版社，2017.8
ISBN 978－7－5668－2164－5

Ⅰ.①追…　Ⅱ.①贾…　Ⅲ.①中学数学课—教学研究—文集
Ⅳ.①G633.602－53

中国版本图书馆 CIP 数据核字（2017）第 191159 号

追梦：一位数学教师的四十年教育实践
ZHUIMENG：YIWEI SHUXUE JIAOSHI DE SISHI NIAN JIAOYU SHIJIAN
著　者：贾国富

出 版 人：徐义雄
策　　划：黄圣英
责任编辑：郑晓玲　黄　球
责任校对：刘雨婷
责任印制：汤慧君　周一丹

出版发行：暨南大学出版社（510630）
电　　话：总编室（8620）85221601
　　　　　营销部（8620）85225284　85228291　85228292（邮购）
传　　真：（8620）85221583（办公室）　85223774（营销部）
网　　址：http://www.jnupress.com
排　　版：广州市天河星辰文化发展部照排中心
印　　刷：佛山市浩文彩色印刷有限公司
开　　本：787mm×1092mm　1/16
印　　张：13.25
字　　数：185 千
版　　次：2017 年 8 月第 1 版
印　　次：2017 年 8 月第 1 次
定　　价：39.80 元

序

贾国富老师的著作《追梦：一位数学教师的四十年教育实践》行将付梓，特意嘱咐我为之写篇序言。贾老师是特级教师工作室主持人，也曾参与华南师范大学基础教育培训与研究院组织的相关培训与研修活动，我和他有过工作上的交集。贾老师能够把多年的经验撰写成书，让我非常惊喜。

作为一名具有近四十年教龄的教育工作者，贾老师以对教育孜孜不倦的追求和优异的教学科研成果证明了自己是一名当之无愧的好教师。他这份书稿，是对自己四十年教育实践的一次系统梳理和成果总结，是一部真情流露之作。

通读书稿之后，我最强烈的感受是，贾老师之所以能够成长为一名作出突出成绩与收获诸多荣誉的优秀教育工作者，在于他对教育事业矢志不渝的追求。从贾老师的描述中，我们可以了解到，他的成长经历除了受到家庭的深刻影响之外，在很大程度上受到了老师们的教育与感染，这使他在小学时就编织了做教师的梦想，并为此梦想而不懈努力。为此，他甚至没有听取家庭的意见和建议，毅然选择了教育专业，这种对教育事业的热爱和对教育理想的追求确实非常令人感动！而纵观贾老师的从教经历，他对教育的兴趣与志向始终如一，对教育的热情和坚定从未动摇，甚至还四次放弃了转行的机遇。贾老师的这种教育情怀，恰好印证了这本书的名字“追梦：一位数学教师的四十年教育实践”，从他字里行间的描述中，我不仅看到了他对教育难能可贵的坚持与守望，更看到了他不忘初心的执着。

从贾老师的书稿中，我还得到一个启示：好教师是由多种因素促成的，而最重要的一点则在于自身的学习钻研和刻苦努力。贾老师也曾经历初登教坛的青涩，但他不断进取，逐步成长为一名收获众多成果与荣誉的特级教师，这与他自身的学习钻研能力密不可分。教数学课，他注意钻研教材和教法，丰富课堂语言，总结教学规律；做班主任，他注重班级的人性化管理，大胆放手让学生干部做事；做科研，他认真学习并积极写作论文，走在其他教师的前头；带高考班，他从细节抓起，对学生的学习和生活各方面都照顾入微；主持工作室，他对学员悉心指导，并与他们共同进步……正是由于对工作的刻苦努力，凭着自身不断提升的学习能力，贾老师以坚实的步伐不断攻关，不断突破，不断提升自己的专业素养，不断实现新的开拓，也不断地为他人奉献，成就着自己的梦想。

贾老师这本著作的出版，对于中小学教师从事教学研究工作也颇具示范作用和借鉴意义。诚然，中小学教师的核心工作内容是课堂教学，但正是在这样长期固化的认识下，很多中小学教师对教学研究工作重视不够，在这方面未能有大的起色和进展。在广大中小学教师的传统观念里，“研究”与晦涩艰深的“学术”字眼紧紧地联系在一起，甚至直接画等号，同时“学术”和“研究”又好像自然贴着高校教师的标签，往往令人望而却步。近年来，国家开始大力提倡在基础教育领域的研究工作，鼓励广大中小学教师申报各级课题，促进了基础教育领域研究工作的进步。但是在具体工作中，中小学教师对研究工作仍然不够重视，有无从下手的茫然感。贾老师这本著作的出版，为中小学教师开展研究工作提供了一个成功的范例。如果广大中小学教师在教学工作之余，能够从自身专业角度出发，从教学过程中一个个小的疑问和感想入手，切入对问题的思考和解决方案的探索，必定能够在科研工作中有所收获，取得成绩。对于中小学教师来说，一线教学实践为科研工作提供了丰富的案例和材料，这恰恰是不可多得的有利条件。如果广大中小学教师能够积极把握这些优势并善加合理利用，我国基础教育领域的科研工作将会有更多成果。

贾老师的著作中写了自己对教育的不少感悟，比如他从一位业务不精的民办教师讲错数学例题的事件中引申出“教学是一门学问，教师不仅需要热情，更需要专业素养”的感悟；从自己初出茅庐的一节满怀信心却效果不佳的公开课中总结出“教学是一门艺术，看起来简单的三尺讲台，值得我们一生去追求”的道理……诸如此类的教育感悟，在贾老师的著作中还有不少，读来令人受益良多。贾老师用 32 个字概括了他心目中好教师的标准：为人师表，敬业爱生；与时俱进，理念更新；善于合作，惠及同仁；追求卓越，学习终身。对照来看，我觉得贾老师不仅仅总结了这个标准，而且是按照这个标准来严格要求自己的，他以实际表现践行着这个标准，也诠释了这个标准。

这本书是一名特级教师对自己近四十年的教育实践作出的较为细致的总结和呈现，不管从哪个角度来说，其中的内容对于广大中小学教师都会有不同的启发。我想，每位读者都能够和我一样，从阅读中得到许多新的收获。

黄牧航

华南师范大学基础教育培训与研究院

2017 年 6 月

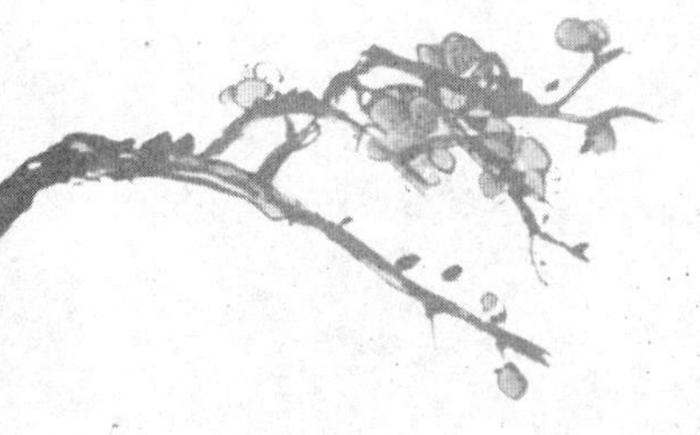

目录
CONTENTS

二　守望梦想

附　录　珍藏梦想

一 编织梦想

恩师风范书丹心，
三尺讲台铸师魂。
四十春夏长守望，
儿时梦想终成真。

岁月匆匆，寒暑易节，蓦然回首，已经走过四十年的从教历程。我的成长历程，倾注着父母亲人的养育之恩和老师的谆谆教诲之情，沐浴着党和人民的培养之惠。我在校读书十四年，入职后参加培训研修三次，钟情教育，在教学一线守望四十年，梦想成真。回首人生，眼里沧桑，额上皱纹，头顶白发，包含着一个个鲜活、生动的教育故事。这些故事汇成了一个普通教师坚守讲台的无悔人生，展示了一个教育追梦人钟爱教育的育人情怀。

1 懵懂时光　沐浴恩泽

我的启蒙老师

回想起来，我的父亲应该算是我的启蒙老师。

我出生在鄂西北一个小集镇上的一个普通家庭。这个集镇过去称王家新街，后曾易名新街公社、新街管理区、新街片，再后来又改为法龙乡，最后归属欧庙镇。父亲是新街卫生所的医生，也是该卫生所的第一任所长。我家里人口多，兄弟姐妹七人，我排行第五。父亲工资低，好在母亲是裁缝，也帮人接生，可以补贴家用。我们家是商业户，没有农副业产品，生活必需品都需要购买。老式的街道中间铺着一条条青石板，两边则铺着鹅卵石。父亲为了教育我们从小勤俭节约，经常说，“青石板上不长东西”。那时街道只有八家是商业户，其他都是农业户，街东头属于生产一队，西头属于生产二队。

父亲名叫贾光义，以前是江湖郎中，新中国成立后成为乡卫生所的医生兼所长。父亲祖籍河南省唐河县，是贫农出身，祖辈靠耕作维持生计。他只读过三年“麦黄学”（因春节后开课，麦黄时散学而得名。农民家贫，只想让孩子识几个字，上“麦黄学”既省钱，又可读书务农两不误）。父亲家乡唐河县东王集乡前贾庄，土地贫瘠，耕种作物收成少，难以糊口。父亲年轻时自己钻研中草药，给人治病。后来用一条扁担挑着所有的家当，孤身从河南闯荡到湖北，在襄阳王家新街落户。我记得父亲传下来的这条扁担有八尺多长，两头尖中间宽，外边一层岁月的积痕好似黑釉。扁担很结实，挑一两百斤货物没有任何问题，但没有一般的小扁担韧性好。

我从小就崇拜父亲，因为他上知天文下知地理。父亲稍有空闲在家吃饭时，在饭桌上都要讲历史上一些关于孝道、励志和智慧的故事。缇萦救父、晏子使楚、七步诗、孟母三迁、桃园结义、三顾茅庐、将相和、甘罗拜相、讳疾忌医等故事，我最初都是从父亲那里听来的，至今记忆犹新。“昔时贤文，诲汝谆谆。集韵增广，多见多闻。”“读书须用意，一字值千金。”“养不教，父之过。教不严，师之惰。”《增广贤文》《三字经》《弟子规》等书中的警句，父亲亲口相述，一些做人的道理在我儿时已经留下深深的烙印。父亲钻研精神很强，他自学了许多医学书，我记得他有几本很厚的医学书，如《中华本草》《神农本草经》《针灸大成》等，后来他又自学西医。因此他对于中西医结合医疗颇有研究，在退休前，他已经成为法龙卫生院主任医师，有正规执业资格证书。

父亲对我们要求严格，家法严厉。小时候，大哥经常因为不听话挨罚。记得有一次大哥在外惹事了，吓得晚上不敢回家，家里人和街坊找到半夜，才在一个柴堆里找到他。我虽说顽皮，但怕挨打，所以尽量不惹父母生气，就很少受责罚。二姐和三姐都继承父业，

成为医生。父亲常说我是个文生子，又说“秀才改医生，三天两早晨”。其实，父亲很希望我也学医。不过后来我选择做教师，父亲还是同意了。他说，做老师也好，医生和老师都是帮助人，都不会失业。

生我者慈母，启蒙者严父。我的人文素养就是从小受父亲熏陶所得。父亲的教导为我的性格形成和人生发展奠定了基础。

教育感悟：父母是孩子的启蒙老师，家庭氛围和父母的品德行为，对孩子的健康成长至关重要。

我的母亲

我的母亲是我最敬仰的人！她不仅生育了我，而且教给我许多做人的道理，给了我人生的启迪。我的母亲名叫陈立芝，一生勤劳，心地善良，生了七个孩子，三个男孩四个女孩。

那时候家里人口多，靠父亲微薄的固定工资养家是不行的，母亲便凭她的裁缝手艺补贴家用。我记得那时，年事已高的奶奶只能帮忙做饭，管教孩子和家里的其他家务都得靠母亲，母亲总是默默地承担这一切。为了增加收入，母亲尽量多接一些缝衣的活儿，偶尔也帮产妇接生，经常熬夜。每到年关，定做衣服的人很多，母亲的双眼都会熬得通红，要休养十多天才好些。

由于家里是商业户，口粮和生活必需品全靠购买，生活十分艰难。出于无奈，家里只得把不满三岁的三姐国风过继给街西头开茶馆的曹大奶奶做孙女。但母亲经常惦记着三姐，常念叨：“这一大家子人，就多了三妮子一个吗？”在母亲的坚持下，两年后又把三姐要回了家，全家得以团圆。

母亲没有上过学，只认识自己的名字，但她的记性很好，从父亲那里听来的《增广贤文》名句，都用来说服教育我们。如：“读书须用意，一字值千金”；“一寸光阴一寸金，寸金难买寸光阴”；“君子爱财，取之有道”，等等。

母亲善良和蔼，疼爱孩子甚于自己的生命。母亲很少打我们，遇到父亲发我们的脾气时，都是她出来劝阻。曾记得，我小的时候，有一次在街东头金元岗打人家树上的枣子，不小心导致砖头落下砸在王家小姑娘的头上，把我吓得不敢回家。母亲听说后，赶紧送人家去医治，并连连给人道歉。晚上，父亲不在家，母亲没有打我，而是语重心长地教导我不要惹是生非，万一犯了错误要敢于担当。

母亲与人为善、宽容大度，与邻里相处和睦。她常教育我们说：“远水难救近火，远亲不如近邻。”在集体缝纫社里，听说负责人时常把一些零星耗时的活分给她，但她从不与人家争吵。她说：“饶人非痴汉，得饶人处且饶人。”

母亲的师父是裁缝，奶奶其实只是母亲的师娘，但母亲把奶奶当亲娘赡养，让她得以颐养天年。她为子孙和邻里作出了表率。

记得家住在王家新街街道时，门口经常有乞丐向我们家乞讨。只要母亲在家，就不会让乞丐空手而归。有人提醒说乞丐大都是懒汉，母亲微微一笑：“我也只是举手之劳而已，可对他们来说也许是救命的甘露。”

母亲像春风似夜雨，抚育幼苗生长，把善良真诚的种子播撒在子女的心间，把坚强宽容的美好品质传给子女。在母亲的善良熏陶和父亲的严厉教育下，我们兄弟姐妹七人都顺利成长成才，各自撑起一片天。大姐国英耿直、善良，在武汉石油化工厂上班至退休；二姐国兰热情、实在，当过赤脚医生，后从法龙卫生院退休；大哥国强聪明、勤劳，在襄阳建筑队工作，任监理，虽然书读得不多，但对预算、报价都很在行；三姐国凤机灵、正直，是妇科医师，事业有成，为患者着想，从不愿让病人花冤枉钱；三弟国友厚道、本分，从军人转业做汽车司机，一直在国有企业青山机械厂服务；四妹国红睿智、诚信，脚踏实地，白手起家成为商界精英，重视企业

文化建设，注重关怀员工。

父母是孩子的表率，在他们的影响下，我们全家相亲相爱、和睦融洽，哥哥、姐姐对弟弟、妹妹都关照有加。我记得，我与三姐同时初中毕业，但那年实行分配上学指标，一家只能有一人上高中，虽然三姐的学习成绩比较好，但是她坚持让我去读高中；我在欧庙读高中时，大姐省吃俭用，每月从武汉给我寄 5 元生活费；我上师范学校时，每周末都是在大哥公司度过的；我参加工作后有了中意的对象，二姐就把仅有的一块价值 125 元的上海手表给了我，让我送给我的女朋友……这些都成为我永远美好的记忆，即使父母早已仙逝，我们兄弟姐妹也各自成家立业，但是仍会互相关心、帮助，其乐融融。这些都是父母留给子女的福祉，也是社会和谐的基础。

然而，有一件事使我遗憾终身。那是 2000 年初，母亲听说我搬进了新居，十分高兴，说要来看看我们的新房子。恰巧学校安排我和部分老师到黄冈中学参观学习，我只得让她老人家下周再来。不料，她突发脑溢血，虽得三姐及时送到市第一医院，但她一直昏迷。我回来后，听说母亲病危，万分悲痛，很担心她老人家自此长眠，不孝的儿子不能成全她“看看儿子的新居”这一微小的愿望！我连续一周每晚都守候在母亲的病榻前，然而回天乏术，母亲就那样匆匆走了。即使我经常安慰自己，子女事业有成、努力向上就是对父母最大的孝心，但是我的心里一直感到愧疚。

感激父母给了我生命，你们的养育之恩比山高、似海深，你们的善良、正直永伴我心灵修行，你们的热情鼓舞我远行。人世间最珍贵的东西莫过于父母的恩情！如果可以重来，我一定要做到：忠孝两全，不留遗憾！

教育感悟：有一种爱不求回报，有一种爱奉献到老，有一种爱无怨无悔，这就是伟大的母爱。师爱也是如此。

长大后我就成了您

我上学时间比较早。因为我小时候比较顽皮，母亲为了省心，在我不足六岁时就把我送到街西头王家祠堂上小学。虽然不到入学年龄，但我当时个头不小，加上母亲给说了一些好话，老师便答应让我试读。

小学二年级时，因为与同学发生冲突，班主任张老师严厉批评了我，也许因为主要责任不在我，所以我委屈地哭了。恰好王家强老师看见了，他亲切地叫我："国富，过来一下！"因为我家住在新街街上，父亲在新街卫生所工作，所以王老师和我们家里人都认识。他和蔼地询问我事情原委，安慰了一通，我顿时心情舒畅多了，感觉王老师很亲切，对班主任张老师也没有怨言了。听说王老师在当地教学水平最高，是新街小学仅有的三名公办教师之一。当时，我就冒出个想法，长大后如果能当老师，我就做王老师这样的好老师——善解人意，和蔼可亲，使学生心悦诚服。后来有什么委屈或取得什么成绩，我都会主动去找王老师交谈。虽然王老师并没有在课堂上教过我，但我感觉他就是我的老师，我人生的导师。我在读师范学校时，每次回家，还会绕道去王老师新调入的学校千弓中学看望他，向他汇报我的学习情况。有缘的是，我正式成为老师在襄阳县师范学校任教时，王老师也被调到这里任教。以前他称呼我"国富"，在那以后他改口叫我"国富老师"，意思是国富也是一名老师了，我们还是同事。

长大后我就成了您！我从心底里尊称他"王老师"，他是我真正意义上的人生成长的导师。最重要的是，他教会了我怎样做老师，我一直以他为楷模，努力学做一个指导学生人生成长的导师。

敬爱的王家强老师，岁月流逝，沧海桑田，虽然您已离开教育岗位，但您的音容笑貌时常在我的脑中回旋。您循循善诱、爱生如子、热爱教育的优秀品质一直影响着我。不管是做普通的教师，还

是当班主任、年级主任等，我都把育人放在首位。

那年夏天，我与另外两位老师一起到泥咀镇走访学生家庭，做向导的2000届文科班一个叫兰英的同学对我说："贾老师，我听说过您，您对学生很好。"我笑着说："我没有教过你，你怎么了解我呢？"她说："从同学们相互谈论中知道的。"这件事让我感触很深：学生对老师的评价不仅仅在教学上，也不局限于亲自教过他的老师；学生、家长和社会都在关注教育，教师是教育对外形象的窗口。我在学生中有如此良好的口碑，主要是受到王老师的影响。

敬爱的王家强老师，学生向您郑重汇报：今日的国富，没有辜负您的期望，我一直坚守在讲台；我一直以您为榜样，努力做一个受学生爱戴的好教师；我获得的大大小小"优秀教师""模范教师"的奖状，就是献给您的特殊礼物。

教育感悟：教师的人格力量对学生的影响是任何教科书、任何道德箴言、任何惩罚和奖励制度都不能代替的。

入团风波

在那个特殊的年代，父亲也遭到了牵连，被认定为"历史不清"。所谓的"历史不清"，是受到土地改革期间发生在襄阳、南漳和宜城三个县交界的"三不管"区域土匪"三八暴动"事件的影响。我父亲祖籍河南省唐河县，早年为生计所迫只身流浪到湖北襄阳落户。"土改"工作组的丁班长恰好也是河南老乡，他乡遇同乡，格外亲近。那年三月八日晚，月黑风高，丁班长在我父亲那喝酒。忽然，枪声传来，丁班长让我父亲熄灯，提枪从后门疾走。第二天传来噩耗，丁班长和几位"土改"干部被穷凶极恶的土匪残忍地枪杀了。事后，我父亲被怀疑给土匪通风报信，受到审查。当时经

"土改""三反""五反"运动多次审查，结论都是我父亲没有参与"三八暴动"，还了我父亲清白。虽然事实已清，但后来又有人抓住不放，在"小四清""大四清"运动中，屡屡旧事重提。专案组经过再审后，依旧认定我父亲清白，但此后总有居心不良者纠缠，说我父亲"历史不清"。

父亲的"历史问题"直接影响了我们在校的思想进步。但学校老师都待我们很好，没有歧视我们。如小学的张士英、邹德富、姚帮元、王家强、王崇元等老师，初中的周文海、马建华、张崇波、肖全坤、王长英等老师，高中的欧阳铁加、陈举章、付耀明、王从元等老师，在我的一生中留下深刻美好的印记。

在学生时代，对我成长影响较大的另一位老师是马建华老师。他是一位民办教师，是我初中时的语文老师兼班主任，家住新街街道，和我家同属新街大队第一生产队。马老师虽说是民办教师，但他的教学能力很强，语文教得很好，尤其是作文。马老师经常把我的作文当范文在本班和其他班讲解，有时还给其他年级、其他语文老师当教学范文。马老师在班上从不发脾气，他在课堂上讲课抑扬顿挫、声音洪亮，找学生谈话却轻言细语，循循善诱，像春风似夜雨。马老师家里劳力少，每到农忙抢收时节，他就得回家收割，语文课就由其他老师代课。这段时间班上同学就天天屈指数着日子，盼望马老师早点回校上课。

马老师喜欢把我的名字写成"贾国福"。他说过，"贾国福"更有意义，好好读书将来可以造福人类。由于父亲"历史不清"，我的哥哥和姐姐在学校不能入团，以后推荐上学也是问题。我在高小时就已经知道努力学习了，高小毕业时数学考了全乡唯一的满分，语文名列全乡第二。在初中我的学习成绩和表现一直都是比较优秀的，虽然学校的老师们都对我很好，但我始终担心父亲"历史不清"这一"魔咒"的影响。马老师似乎看透了我的心思，经常找我谈心，让我放下思想包袱。他让我尽早写入团申请书，相信组织。1973 年 5 月 4 日，"五四"青年节，我光荣地加入了共青团组织！我永远记

得那个对我人生具有重大意义的历史转折点，打破了哥哥、姐姐在学校不能入团的“魔咒”！那年，学制由春季入学改为秋季入学，也是我初中两年半期满毕业前夕。父亲特别高兴，那晚兴奋地喝了不少酒，似乎因他的“历史不清”问题得到了平反昭雪而扬眉吐气。那时入团一般需要年满 15 岁，但其实当时我的年龄还不足 15 岁，我以为是我表现优异才被准许提前入团。后来才知道真相，不是因为我表现优异，而是马老师据理力争的结果！他说：“如果贾国福入不了团，我立即辞职回家务农!”马老师不仅做学生思想工作细致入微，而且一视同仁、平等待人。

马老师做了大量的工作，才使我得到公正的政治待遇。马老师是我的恩师、成长导师，是我在特殊年代中“政治”上的贵人。不仅如此，我的语文知识，也是得益于马老师孜孜不倦的教诲，是他奠定了我的语文基础。

教育感悟：老师是棵大树，不仅授业解惑，也为学生遮风挡雨；学校是个避风港，使学生免受社会的浊浪冲击。

大队书记的提拔

我们家以前是吃商品粮的商业户，1968 年，下放到鲁衙大队第二生产队。由于住房问题，后又转回新街街道附近的新街大队第一生产队。按当时家里的政治条件，我们兄弟姐妹是没有上大学或参军的资格，也没有入党、入团等机会的。当时的大队书记彭德山，德高如山，为人正直，深受村民敬仰。我们家下放到新街大队后，彭书记还是很关照我们。

1975 年，我高中毕业回乡，正好乡武装部长李金常也是河南老乡，我父亲极力劝说我去参军，因为只要我参军了，政治身份可靠，就不会再有人说父亲“历史不清”了。李部长也赞成让我参军。经新街大队体检后，我和另一个青年合格，但征兵只有一个名额，在政审时刷下了我。幸好在三年后，我弟弟国友如愿参军，在部队还入了党，从此消除了压在我们全家头上的政治紧箍咒。

我参军没能如愿，那时读书又要靠推荐，我更没有指望，于是父亲让我学医。父亲认为我学医会很快，他给我找来《针灸大成》《临床诊断学》等书籍，让我自学。什么五脏六腑与十二经络，我也半懂不懂地看了不少。母亲则教我裁缝，说“艺多不压身”。我白天在生产队挣工分，晚上在油灯下看医学书或跟母亲学裁衣。

对于学医、学裁缝，我都没有多大兴趣，只是寻找一个饭碗而已。1976 年春节后，大队书记彭德山带来的消息才让我看到曙光。他说我是新街的才子，让我到大队小学当民办教师。教师，知识渊博，授业解惑，我从小就特别崇拜我的老师，早就有长大当老师的梦想。这个消息令我欣喜若狂。

在大队小学教书两个月后，大队准备召开一次批斗大会，彭书记找到我，要我代表青年发言。批斗的对象是八队的记工员梁某，是我一个初中同学的父亲，听说批斗的原因是他与队上的一个女社员有染。显然，这是一项政治任务，让我发言体现了党支部对我的高度信任。但我一脸茫然，因为那时的我不过是个不满 18 岁的稚气孩子，对此事除感到新奇外，根本讲不到上纲上线的大道理，何况批斗对象还是自己同学的父亲。彭书记看到我为难的表情，就给我打气说：“你很有才华，大胆发言，这是一项光荣的政治任务。前面大队小卖部的营业员老龙快退休了，你好好干，干好了我提拔你当大队小卖部的营业员！”我顿感愕然、心酸。大队小卖部在与我宿舍一墙之隔的约六平方米的房间里，营业员老龙是参加过抗美援朝的残疾军人，大队为了照顾他，安排他当营业员。经常有小学生从家里带个鸡蛋跟他换五分钱，或换作业本、铅笔之类的文具。

我深感悲哀，在当时的世俗观念里，民办教师的地位还不如一个小卖部的营业员！

我心里虽是一百个不愿意，但还是接受了任务。那是一个上千人的大队批斗会，我恍恍惚惚地完成了发言，至今只记得发言中的一句话："你不该做出亲者痛仇者快的事情，贫下中农不能欺负贫下中农!"

后来，我果然得到了提拔。还好，不是被提拔为当初说的营业员。一个月后，彭书记对我父亲说："你家老二有出息，我提拔他到管理区中学当老师了!"原来是新街中学我原来的老师推荐的，文教组的陈孟平书记亲自到大队小学听了我讲的一节课后，找到大队彭书记协调好把我调入了新街中学。

1977 年 12 月，我随着全国 570 万名考生在同一时刻走进了高考考场——因"文化大革命"中断了十年之久的高考制度终于得到恢复。这是我国历史上唯一的一次冬季高考，但对于那个年代的青年来说，那场高考是冬日的灿烂阳光。近四十年过去了，我仍然清晰地记得，填报志愿时，虽然家里想让我将来当医生或做其他技术职业，并不愿意让我当教师，但我还是毅然地在第一志愿栏填报了师范专业。两年的民办教师经历，使我已经爱上教师这个职业，稳固了我终身从教的信念。

教育感悟：人生机遇对每个人而言不尽相同。不要怨天，更不要尤人。人生的成败，往往不是运气问题，而是努力问题、坚持问题!

2 青葱年华 初为人师

更换教学专业

1977 年恢复高考制度后，我应试录取的是数学教育专业。读书之前，我当民办教师是在初中教数学，这以后一直任教数学。吟诗赋句是我的业余爱好，整理图片配诗并在朋友圈分享是我的兴趣。2014 年，与教育同仁去山东等地作教育考察时，我每天都把活动的图片配诗发在微信群里分享。看了我的微信，有同仁问我：“你是教语文的吧?”我说是教数学的，他将信将疑。无独有偶，2016 年，某大学教育培训学院的负责人热情邀请我参加一个语文学科的专题讲座，我婉言谢绝，解释自己是数学教育专业的，他说：“你经常赋诗发微信，文学水平那么高，我一直以为你是教语文的呢!”

其实，我还真当过语文教师呢！最开始教书时，我在小学教了三个月的语文，在初中教了两个月的语文。1975 年 7 月，我高中毕业回乡，在生产队劳动了半年后被安排到新街大队小学当民办教师。当民办教师虽然不如公办教师、入伍那么风光，但对于我们家来说已经是天大的好事了。我参加管理区文教组举办的寒假教师培训后就上岗了，在大队小学任教。大队小学条件简陋，学生的课桌就是木桩上固定一个长木板。老师住宿条件很艰苦，在不到六平方米的房间里，搭起两张床铺，住三个老师。年龄较大的张家瑞老师睡一张铺，我和另一个年轻老师小桑合铺。所谓床铺，也就是木桩的横端上铺一张高粱秆集成的帘子。我记得当时我担任的是小学四年级的语文老师兼班主任。在小学任教刚三个月，我又被调到新街中学。调到初中后，学校领导安排我接手了一个初一班的语文课，并担任班主任。

一件偶然的事情，却改变了我的教学专业。在新街中学教书时，老师们一般是在学校搭伙就餐，学校没有饭堂，老师们一般都坐在学生教室或蹲在外面吃饭。一天下午学生放学后，我与几个老师坐在某班教室吃饭，偶然看见黑板上书写着一道数学运算题：“$(3x+y)(3x-y)=3x^2-y^2$”，显然有运算错误。仔细看来，不像学生的演板，而像是老师板书的范例。这不误人子弟吗？我当时就留意了这个班课程表中数学老师的名字，原来是比我早到学校三个月的年轻老师，也是个“毛孩子”。我私下与那个数学老师小黄交换了意见，不出所料，是他的错误，他说他的数学本来就没有语文好。我开玩笑说：“干脆我们俩换个学科，你教语文我来教数学。”小黄老师当真了，立马找到教导主任李主任，他说语文是他的长项，贾老师也愿意调换学科。当时农村学校教师业务水平较差，学校只有几个老师是公办教师。也许李主任对师资情况早就心里有底，很快就中途把我们俩的教学学科和班级更换了。

从此，我与数学和数学教育就结下了不解之缘。之后我在该初中教了一年半数学，考入师范院校毕业后在襄阳县师范学校教了6年数学，1986年调到襄阳县一中（襄阳县一中后改名襄阳区一中，再后来又改名为襄州区一中）任教数学16年，2002年调到广州市第八十六中学任教数学至今。在这几十年的教学生涯中，我从一个民办数学教师转正为公办数学教师，由初级数学教师成长为中级数学教师、高级数学教师，还被授予湖北省“数学特级教师”。

教育感悟：教学是一门学问，教师不仅需要热情，更需要专业素养。

第一次数学公开课

1975 年秋，我刚满 17 岁。春节前参加了民办教师上岗前的一周培训，春节后就上岗教书了。在新街大队小学教了三个月后，调到新街中学教书，由教初中语文改教初中数学。在新街中学，好多教师都是我读初中时的老师，他们都毫无保留地指导我的教学，对我帮助很大。

张崇波老师是数学科组长，教学水平是我们学校最高的。他和蔼可亲，有时甚至直呼我的小名“贾老二”。1977 年的一天，张老师说让我准备一下，上一节公开课。听说要上公开课，我有些紧张。张老师对我说：“不用紧张，平时怎么上就怎么上。”我还是很慎重，请教张老师需要注意什么，他对我说：“老师表达准确，知识正确，学生听得懂，不拖堂。这些是基本要求。”那天，张老师带了几个数学老师，一起听我上数学公开课。课题是平面几何的证明方法，以两个例题导入，我认真做了准备。一切都按照事前预设的教案进行，我从始至终都是脱稿讲授，板书的例题一字不差，45 分钟的一节课，我只用 20 分钟就讲完了教学内容。剩余的 25 分钟，我只好让学生提前做家庭作业。虽然我有些紧张，但自我感觉良好。课后评课时，张老师给我的公开评价是：“成功。熟悉教材，思维敏捷，激情奔放，态度认真；但节奏稍慢点效果可能会好些。”第二天批改作业，结果与我的预想大相径庭，全对的只有几个数学成绩拔尖的学生。我感到不妙，去向张老师请教，查找学生作业情况不理想的原因。张老师说正准备找我，原来他早已预料到了问题。张老师对我说：“这节平面几何的证明内容是教学重点，也是难点。我讲这两个例题，至少需要 35 分钟与学生互动，5 分钟小结，学生课堂练习的时间也许不到 5 分钟了。”我恍然大悟，原来是我讲得太快了，多数学生没有听懂，作业当然会做错。“张老师，那你昨天在课后的评价，为什么说我的公开课是成功的呢?”张老师微微一笑说：“年轻

教师的公开课结构完整，传授知识正确，教学基本环节完成，可以算基本成功；何况你熟悉教材，态度严谨，课后善于反思。保持这样科学严谨的态度，你的教学水平一定会逐渐提高。”张老师推心置腹地跟我详细谈了他的看法：“老师讲得快不等于学生反应快，有学生听懂了不等于多数学生听懂了，老师的教最终要落实到学生的学。有经验的老师，在课堂上听学生回答问题，看学生演板，就可以随时掌握学生的理解情况，甚至通过察言观色就可以确定学生的理解程度。”

通过这次公开课，我收获很大。熟悉教材是对教师的基本要求，学生学得好是教师教学的追求；随时掌握学生学习状况，是教师驾驭课堂的必备条件。老教师出于爱护，为了促进年轻教师进步，在评价上一般是大会上公开肯定的多些，语气委婉些；课后个别谈话时实话多些，直接些。上完公开课后，认真去听取老教师的意见，一定会受益匪浅。

多少年过去了，张老师中肯客观、鼓励为主的评课方式对我仍然有很大的影响。我现在评价年轻教师的公开课，就是以爱护鼓励为主，不求全责备。先肯定年轻教师的主要优点，再婉转提出期望改进之处。我不会说这节课如果我上会怎么设计，而把年轻教师的方案全盘推翻，只会在不改变原来思路的基础上，说某个局部环节怎么处理也许更恰当。如果要评分，我的底线是 80 分，舍得给高分，最好的课可以给 100 分，不怕他们骄傲。有上进心的年轻教师，受到鼓励后不会骄傲，反而会更有研究课堂教学艺术的积极性，在教学研究的路上走得更快、更远。

教育感悟：教学是一门艺术，看起来简单的三尺讲台，值得我们一生去追求。

一次有关师德的反思

1980 年 2 月，我从师范学校毕业后被分配到襄阳县师范学校任教。在襄阳县师范学校的六年间，有一件事情使我感触很深，至今记忆犹新。这就是当时在师范学员中一次有关师德的反思，围绕“孝顺父母是不是教师的必备条件”的话题进行的讨论。

我在襄阳县师范学校教了 1979 级一班、1980 级二班和三班、1981 级二班和三班、1983 级一班和三班的学员，还教过干部培训班。其中，襄阳县师范学校从 1981 级开始开设民办教师进修班和行政干部培训班。分配到襄阳县师范学校那年我才 22 岁，在学校老师中我是比较年轻的。在民办教师进修班和行政干部培训班的学员都是成年人，多数学员的年龄比我大，班上的学员有我大姐的同学，也有我高中的同学。我人微言轻，学校领导没有安排我做班主任，但我还是十分关注有关师德的话题。

1983 级二班的学员课余经常到我的宿舍闲聊，某次他们谈到班上一个姓魏的学员，他纵容他的妻子虐待父母，还辱骂他的母亲。班主任责令魏姓学员改正错误，否则不予毕业。我认识魏姓学员，数学成绩优秀，他的家庭问题我就不知情了，但如果因家庭问题影响毕业，确实可惜。关于孝道与师德的关系我当时没有深思过，但我觉得班主任好像有些小题大做。1983 级二班的班主任是雷家琦老师，雷老师那时已经 50 多岁，正直和蔼，教语文，文学造诣较深。我找到雷老师聊了此事，雷老师说，魏姓学员不但不纠正他妻子的错误，而且还帮妻子辱骂他母亲，这是道德品行问题。在中国的传统文化里，孝是一个人做人的起码要求，它是适用于所有人的基本道德准则。教师对父母不孝不是小事，不忠不孝，怎么为人师表？怎么能教育好学生？对亲生父母都不孝，他还能爱护学生，还能善待老师和同事吗？听了雷老师的一席话，我感觉雷老师看问题能看到问题本质，有深度。雷老师实际上也给我上了一节生动的师德课，

我更加敬佩他的师德风范。后来，雷老师就“孝顺父母是不是教师的必备条件”，在班会上开展了讨论。通过讨论，大家提高了认识，统一了思想；魏姓学员幡然醒悟，接受了大家的意见。

孝道，是一般公民的基本为人伦理，教师是人类灵魂的工程师，孝顺父母更应该是教师的必备条件。教师的素质，关乎社会基本单位家庭的和睦，关乎社会的稳固，关乎国家的兴衰。孝敬父母、善待他人是一个人本性善良、具有奉献意识和社会责任感的重要标志。对父母都不孝顺，就说明你对谁都好不了，这是品行问题。品行不佳，谈何教书育人，谈何为社会奉献，谈何社会责任感？

教育家陶行知先生曾说过：“捧出一颗心来，不带半根草去。”这就是对教师教学生涯的最好写照。教师的职责是培养人。要培养学生的完善人格，教师必须先完善自己。只有具备教师职业道德，爱岗敬业、乐于奉献、为人师表，才能获得学生、家长和社会的认可。几度风雨，几度春秋，从教以来，我把育人放在教育工作的首位，注重向学生倾注爱心，向学生播种“真、善、美”，让学生学会感恩生活，更加热爱我们绚丽多彩的祖国。

教师，是一个神圣的称呼。师德，不是简单的说教，而是一种精神体现，是一种深厚的知识内涵和文化品位的体现；师德，需要培养，需要教育，更需要每位教师提升自我修养！虽然我们每天做的事情平平凡凡，然而这些事情却连着千家万户的切身利益，更连着祖国的前途、民族的未来。让我们把心沉下来，静心教书，潜心育人，共同撑起教育的蓝天，共同托起明天的太阳！

教育感悟：学高为师，德高为范。作为一名光荣的人民教师，不仅要有广博的知识，更要有高尚的品德。教师既要把丰富的科学文化知识传授给学生，也要用自己的高尚人格影响学生、感化学生，使学生身心健康地成长。

第一次当高中班主任

因为撤销县级师范学校，襄阳县师范学校改制为教师进修学校，学生减少，教师需要分流。1986 年 8 月，我从襄阳县师范学校调到重点高中襄阳县一中任教。在小学、初中我当过几个月的班主任，后因调整终止。在师范学校也曾带学员实习数月，但现在已经没有多少记忆了。我真正当高中班主任是从襄阳县一中开始的。1986 级高一（4）班，是我第一次当高中班主任所带的班级。

调入襄阳县一中，我从高一新生教起，带高一（4）班，并任班主任。我事无巨细，对学生关心无微不至，学生连饭票都愿意交给我来保管。我与学生年龄差距不大，容易亲近，课余经常与他们一起活动。我就像他们的学长或兄长，师生之间关系十分融洽。

记得在高一开学不久，就遇到了一件棘手的事情。有一次上体育课，一名女生因病姗姗来迟，体育老师就当众批评了她，并让她跑两步赶紧入队，这名女生小声嘀咕了一声，体育老师过来伸手就打了她一巴掌，她便跑到教室去哭了。班干部把这事反映给我，我立即到教室看望这名女生，并询问事由。可能是体育老师误以为学生小声嘀咕是在骂他，所以才扬手打了她一下。我看到没有明显伤痕，女生主要是气不过。显然，不管学生有没有骂人，老师打学生都是错误的。了解情况后，我没有责骂学生，而是安慰她说我去找体育老师。我找到体育老师，婉转地说想让他给学生道个歉，安抚下学生。但体育老师坚持说："她骂我，我才打她的，我没有错。"其实，老师的事情我管不了，何况体育老师比我年长，我自知人微言轻，便去转告女生说："体育老师说以为你骂他，才生气地轻轻打了你一下的。体育老师还说要来给你道歉。"该女生听后破涕为笑，说："我不用体育老师给我道歉，以后我不上他的体育课了！""好！那我先代体育老师给你道个歉，并答应你近期不上他的体育课，以后你想上体育课再去。"两周过去，该女生对体育老师的怨气消散

了，体育课照上。一件棘手的事情就这样解决了。

记得班上有一个姓陈的男生，大脑反应快，但喜欢耍小聪明。他在同学面前调侃说，自己课外从不做数学作业，考试照样得前几名。有同学认为他在吹牛，也觉得他的说法不妥，就把这话反映给了我。我听了后，便留意观察该同学的学习情况。有一天晚上学生休息，我查寝室时发现他的床上有异样，掀开他的被子，发现他正在用手电筒照明，蒙在被子里做数学题。我微微一笑，没有批评他，只说了声要注意用眼卫生。在班会上，我公开表扬了这位同学：数学成绩已经比较好，仍然刻苦学习，同学们要学习他的刻苦精神，勤学苦练，但要注意用眼卫生，视力不好是不能考军校和体校的。他理解了我的意思，从此光明正大地做数学训练。后来他高考各项成绩优异，被中国人民公安大学录取。

班上有个姓宋的女生，性格开朗外向，也喜欢体育活动。我让她担任体育委员，她不负众望，把男生指挥得服服帖帖，带领班级在高中的第一次运动会中获得本年级总分第一名。高二上学期末，我外出参加函授学习，教历史的樊老师兼了半个月的班主任。我回校时，发现樊老师以女生不宜当体育委员为由，撤销了宋同学的体育委员职务，指派了一个男生当体育委员。我哭笑不得，又不好驳了樊老师的面子，只得不动声色地收拾残局，做好安抚工作。

四班同学们说要给贾老师争光，班风在年级里最好，各项活动都走在前列。高一下学期期末考试成绩在平行班已经崭露头角，接近重点班。高二开始后，调出了 6 个学文科的学生到文科班，大多数同学都愿意留在四班学理科。亲其师，信其道。师生亲密无间，教学配合默契。高二结束，四班的统考成绩已经超过重点班六班，在年级领先，数学成绩尤为突出。在高考中，四班同学考得最好，超过了重点班。

当班主任，亲近学生有得天独厚的条件，师生关系融洽，课程教学变得容易推进和落实，教学质量可以迅速提高。从这届以后，我乐意承担班主任工作，即使承担两个班的数学课，我也乐意担任班主任。甚至在1993年至2002年担任年级主任或教务处副主任期间，我仍然兼任班主任。当班主任的过程是辛苦的，但收获是满满的，回忆是幸福的。没有做过班主任的教育生涯是有遗憾的。如果你问我，这一生你数学教得最顺手的是哪一届？我会准确地告诉你，是我当班主任的每一届。若再问，教过你的老师中，印象深刻的是哪些老师？我会老实地告诉你，时光流逝，对部分老师的记忆已经模糊了，但班主任的音容笑貌在我的脑海中记忆犹新，永不磨灭。

教育感悟：教书不是简单的授业解惑，而是心灵的沟通、人格魅力的传递。只有当过班主任，才能真正享受做教师的快乐，体会教师职业的崇高。

第一次教高三数学课

在高中教书，没有教过高三、没有亲自送过学生进高校，似乎不是完整的教育过程。我第一次教高三，是在调入襄阳县一中的第三年。当时新进襄阳县一中的年轻教师有二十多人，能教高三的只有三个，我是其中之一。

在高二升高三时，由于没有整理高三学生档案的经验，学校领导安排我把班主任工作和四班数学课转交给了一位有多年教学经验的数学老师，让我另外接管高三（1）班和高三（2）班的数学课。我默默地离开与同学们一起经营起来的优秀的四班。其实，高三（4）班的同学们对我恋恋不舍，有许多心事还是来找我交流，许多同学毕业后也一直与我保持密切联系。当年的高考中，我接的两个班数学进步较大；四班预料之中仍是最好的，总分过省线者16人，其中钟华考入中国人民大学、李志强考入白求恩医科大学（现吉林大学白求恩医学部）、陈红斌考入中国人民公安大学、黄新民考入武

汉大学等。这是学校历史上高考录取成绩的高峰。毕业照相时，四班班干部特邀我与他们合影留念，这张珍贵的照片和四班的许多记忆我一直完好地保存着。

我（前排左三）与襄阳县一中 1989 届高三（4）班班干部和部分教师合影

第一次教高三的这一年，我做了很多高考数学试卷，并认真研究高考命题特点。谨记老教师讲的："高考重点需要反复锤炼，高考不考的内容一定不讲，高考考试频率低的内容可以少训练。"另外，我特别注意解题技巧和易错题型。一方面借阅解题技巧方面的数学书籍，另一方面自己总结解题技巧。我归纳了数学易错题集，写了《利用几何意义巧解题》《三角函数的周期性》《三角函数变换技巧》《摆动数列的通项公式》等文章，还利用假期把它们誊写在方格纸上投到数学报社编辑部。

初到襄阳县一中的这几年，我也是蛮拼的，可谓全身心投入在教学上。1987 年，我小孩四岁，当时学校还没有幼儿园，我和我爱人又都有教学任务，孩子没有人专门看护。那天，我和我爱人都有课，带小孩到教室怕影响学生听课，我就把他锁在寝室里。当时我们住在五楼，我去上课后，孩子趴在阳台边上哭着喊“爸爸、妈妈”，好心的张启英老师发现后，立即到教室把我叫回来，把孩子带出来，并狠狠地批评了我一通：“你怎么那么大胆，孩子出事了怎么办？以后你有课就把孩子放到我家里。”记得一次下午放学，因与学生谈心耽误了接孩子，天黑后孩子自己哭着跑回来，在路上摔折了胳膊。还有一次，我到随州市参加教育活动，孩子的小姑帮忙接送孩子，路上不慎撞到一辆卡车，孩子至今额头上还留有疤痕。每次回忆起这些往事，心里总觉得有些愧对自己的孩子。不过，话说回来，孩子在小时候多些磨难未必是坏事。看到自己的孩子参加工作后，在工作和生活上独立自主能力比一般的孩子强，我心里就释然了。

第一次带高三的心情是敬畏的，教学态度是格外慎重的，留下的印象也是最深刻的。有了第一次教高三的经历，我似乎成熟多了，以后的教学工作就放得开了。

有了第一次带高三的经历和成绩，学校领导和同事对我刮目相看，可以说我这时已经在襄阳县一中立住了阵脚。接着领导两次安排我从高二接手班级，后来就安排我从高一开始带重点班或奥赛班。到目前为止，我已经亲自送走十五届高考学生。衣带渐宽终不悔，粉笔无言写春秋。

教育感悟：教师虽然需要付出汗水和精力，但在付出的同时也可以与学生一起成长。

3 风华正茂　站稳讲台

1986 年 8 月至 2002 年 8 月，风华正茂的 16 年，我在湖北省原襄樊市襄阳县第一中学任教。经过这 16 年的锤炼，我从一个初级教师蜕变为高级教师、省特级教师、国家级骨干教师。

我的第一次优质课奖

开始当教师，凭的仅是一股教育热情和解题的能力，根本谈不上专业。我真正站稳讲台，是在襄阳县一中带过两届高三经受磨炼后。

1992 年 10 月，襄樊市举行优质课评选，学校需要推荐一位数学教师到县里参加预赛。当时推荐的是另一位年轻数学教师。后来由于那位老师临时有事不能参加，教研组长、特级教师王楚和老师就指派我去参加预赛。我正值带高三，教学不容松懈，不愿意参赛。王老师耐心劝导鼓励我参加："年轻人要积极参与教研活动，珍惜进步机会。"我只得勉为其难，临时匆忙上阵。我在县里初赛取得了第一名的成绩，稍后又到市里参加决赛。

参加决赛时，我自己找教务处调课，一个人静悄悄地到市内其他学校参赛。看到其他学校老师参赛时前呼后拥，专车接送，自带幻灯机，阵容庞大，准备充分，我不免有些泄气，感觉获奖希望渺茫。比赛那节课，我正在认真展示我的课例，突然看到一个评委从后门走了出去。我心里猛然紧张起来，想着肯定是我的课讲得不好。但我还是控制住自己，无论如何把课上完了。期待的结果在一周后传来，惊喜的是得了个一等奖，虽然名次不是前列，但这是我当时取得的最高级别殊荣。我庆幸有机会补缺参赛，体会到老教师的用心良苦。

我（前排左一）与特级教师王楚和老师（前排左三）

从这以后，我对课堂教学艺术产生了兴趣，主动听老教师的课，倾听老教师的教诲，积极参与教育教学探讨活动。不管是校内公开课，还是县内、市内公开课，只要有机会，我都去观摩学习。不管是在校内还是校外，市内还是市外，学忙还是学闲，统一要求参加的教研活动，我每次都参与；不作统一要求参加的教研活动，我也会留意打听消息，主动参加，成为县里、市里教研活动的积极分子。1996 年，我成为襄樊市数学学会理事。

顺便说一下另一个年轻教师，他的做法与我形成鲜明的对比，我也一直以他为戒。那次在市里参加课堂教学比赛，他也获得了一等奖，是物理组的。他取得一等奖后，一次在自己寝室与其他年轻教师聊天时说："在县一中，除了王楚和老师的课讲得好以外，其他老师水平都不咋样！"岂知，隔墙有耳，此话被其他老师听见，并很快在校内老师们中间传开了。不少教师听后连连摇头，认为这年轻教师太狂妄自大。同组的老教师也证实，该年轻教师的物理课教案是经全组老师讨论后确定的，取得一等奖是集体备课的成绩，该年轻教师不该自高自大。学校领导也觉得该教师过于自大，对他提出了批评。事后，该教师自知无口德失言，在其他老师面前抬不起头，

于暑期自行离开了学校。如果该年轻教师虚心一些，他很可能成为一名优秀教师。“满招损，谦受益”，年轻人须切记。

“回眸事往年，恍如在昨天。教院和师专，前辈引路缘。数学逢教研，追随逐江汉。立志站讲台，沉淀积襄樊。”在市教研或数学学会的活动中，原襄樊教育学院和襄阳师范专科学校的数学科前辈对我影响很大。原襄樊教育学院的陈良植、龚雄兴教授，襄阳师范专科学校的邓敏、杜中信教授等，他们的教育思想、教学方式和思维方法，以及严谨的工作态度，都对我产生了重要影响。

“积土成山，风雨兴焉；积水成渊，蛟龙生焉。”随着时间的积累，我的教学水平逐渐有了很大的提高，各种课型和教学方式，我都可以得心应手，每年都被评为校或县、市优秀教师，还获得“襄樊市学科带头人”“襄樊市拔尖人才”“襄樊市教育科学研究先进工作者”“湖北省优秀教师”“湖北省优秀数学教师”等称号。

襄樊市数学学会第三届年会与会人员留影（我在第二排右一）

教育感悟：积极参与教育活动，业务就能进步；付诸行动，教师专业技能才能提升。

我的第一篇教学论文

我公开发表的第一篇论文是在襄阳县一中教学两年多后，于1989年发表在广西《中学数学解题技巧》杂志上，题为“摆动数列通项公式”。虽然刊登出来只有豆腐块大小，却使我激动异常，手写的文章终于成为铅字，还是在数学刊物上公开发表。有了第一次的公开发表，我对写作数学论文来了兴致，又写了几篇有关解题技巧的文章。市数学学会每年的年会我都积极参与，每次都自己主动找学校领导调课，会后自己补上。每届市数学学会年会，我都带上自己的习作论文上交给会议处。开始交去的论文连在大会上宣读的机会都没有，但我没有灰心。后来我的论文终于可以在大会上宣读，再以后就逐渐获奖，我也被聘为襄樊市数学学会理事。此后，我又撰写了几篇数学解题技巧的相关论文，投稿后如石沉大海，杳无音讯。我虚心地向数学特级教师王楚和老师请教，王老师指导我说：“小贾，你不妨换个写作方向，写写教学方法或高考研究方面的文章。”于是我收集、研究了近十年的全国高考数学试题，在王老师的指导和鼓励下，写出了三千言的高考数学研究论文《高考数学命题回顾》，并对省会考前后的备考提出了一些建议。那时，没有电脑和打印机，完稿后誊写在方格稿纸内，多份就需要用复写纸。所投多方稿件，有回复鼓励的，但没有录用的。当年有的省份正值试点改革，考试科目和会考方式有待确定。投稿之后近半年过去了，忽然有一天，我收到华中师范大学《数学通讯》编辑部发来的稿件录用函，可能因论文内容与之前湖北确定下来的会考制度吻合而被选中。真是喜出望外！这可是我第一次在正规数学刊物上发表“长篇大论”，稿费120元！后来才知道《数学通讯》还是全国核心刊物。不久又收到中国人民大学复印报刊资料《数学月刊·中学版》1992年第7期的收录通知。有一次，我收到一个素昧平生的数学同行来信，与我探讨高考命题问题，他称呼我“教育前辈”。其实我那时还是教

育后生，只不过撰写了一篇貌似出自高考经验丰富的专家之手的作品而已。从此以后，在教学之余撰写教育教学论文成为我的爱好。后来，我先后在《数学通讯》《中学数学》《语数外学习》《中学数学教与学》《山西教育》《数学学习与研究》《数学教学通讯》《求知导刊》等杂志公开发表五十多篇论文。我经常练笔，不时总结教育教学心得，使我的教学经验得以从容展现。

1995 年前，襄阳县一中数学科组一直没有自己的高考备考资料，而物理科组早已编辑了物理高考复习资料。1995 年，我利用做年级主任的便利，牵头主编了数学高考备考资料《高三数学指导与测试》（上、下册），还亲自设计了封面。经多次修改后，该书正式印刷成为本校历届高考备考资料，使用效果很好。1996 年，我主编了校内数学剪报合集《数学辅导》，作为学生课外读物，办了三年，先后出刊三十多期，深受学生欢迎。2005 年，在广州市第八十六中学任数学科组长时，我主编了校本教材《高中数学必修教材/配套辅导用书》。我也曾应邀参加校外组织的数学课外辅导资料的编写，但绝对不向学生推销这些辅导资料。

在我保存的奖状里，有一张在青年时代获得的襄樊市“优秀教育科研工作者”奖状。此项殊荣一般是颁发给分管教育科研的学校领导的，可是当时我仅仅是个普通教师，因此我觉得受之有愧。学校领导却认为我热爱教育，撰写多篇教育、教学论文，此奖受之无愧。

教育感悟：健谈是教师的基本功，但能把教育主张和感悟变成铅字发表，才叫专业成长。

我的第一个教育研究课题

《分组教学　防止两极分化》是我进行分组教学课题研究后写的第一篇实验论文，在襄樊市数学学会 1994 年年会上宣读，并获得一等奖。当时，只有研究热情，没有研究方法，更没有专家指导。说是课题，实际上没有申报，没有立项，没有组建研究组，也没有开题、中期汇报和结题等过程。但有教育理论支撑，有实验实施过程，有研究心得记录，有实验数据说明，有显著教学实践成效。

分组教学是一种教学策略，也是一种教学模式，更是一种教学思想，理论依据是“因材施教”。在教学活动中，它可以逐渐激发学生的学习兴趣，是提高教学效率的重要手段。根据多年的教学实践，结合学生实际，我总结施行了具有自身特色的“分组教学法”。该分组教学法就是将班内学生按接受能力、智力水平和知识基础等划分为若干个组，分别提供与各组水平接近的教学方案，并加以分组辅导、个别指导，分别要求，分类评价，疏通信息反馈渠道，及时调整教学方案，有的放矢，因材施教。实施一个学期后，学生学习兴趣明显提高，优生率、及格率大幅上升，其中优生率增加 6. 4%，及格率增加 32%（对比实验统计结果），平均分数提高 21. 4 分。试验前后相隔一个学期，学生思想压力小了，作业负担轻了，学习兴趣提高了。经过一年多的实施，该分组教学法深受学生欢迎。

有付出才有收获，个人业务能力才能得到提升。1997 年，我破格申报高级教师的依据，就是这篇获奖的实验论文、几篇公开发表的数学论文、县市优质课奖状和省模范教师的荣誉。意外的是，我正在申报高级教师的同时，市教育局点名让襄阳县一中的领导动员我申报特级教师。同事们听说后，都觉得高级教师还没有评上就申报特级教师，简直不可思议。原来，从 1997 年开始，遴选推荐省特级教师需要进行量化评分。市内许多知名度较高的老教师申报后，因为量化评分低而不能推荐，这才在年轻教师中挑选。虽然我当年

没有评上特级教师，但高级教师却破格评上了，也为四年后申报特级教师奠定了基础。此后另一篇论文《因材施教　优化素质教育主渠道》在1998年市数学教研会和数学年会上交流，获得一等奖。这篇论文也成为我在2001年申报特级教师的答辩论文。

我从2013年开始进行高中数学作业分层设计的研究。我有了自己的工作室，并有20平方米的独立办公室，有一个由30名志同道合的同仁组成的研究团队，有四个实验学校和十多个协作教师工作室、学校，有分享交流的教育博客、QQ群和微信群。利用工作室平台，我主持了黄埔区教育规划课题“高中基础年级数学作业分层设计的实践研究”、广州市教育规划课题“高中数学作业分层设计的实践研究”和广东省教育规划课题“高中数学作业分层设计应用与评价研究”。区、市和省级课题均已结题，市级课题还被评定为优秀课题。工作室的课题研究成果有论文14篇，其中10篇已经公开发表。课题研究成果在广州市第八十六中学、广州市第八十七中学、广州市石化中学和广州市第八十四中学等学校推广，成效显著。

教育感悟：在前进的路上，成功的要诀不在于你出发先后，也不在于你实力厚薄，而在于方向是否正确、是否可以坚持不懈。

我获得的第一个省级荣誉

那年，我36岁，在襄阳县一中任教八年，已完成了一次大循环（高一到高三）教学和两次小循环（高二到高三）教学。1994年的教师节，我被授予湖北省“优秀教师”称号。

省级荣誉对于年轻教师来说的确是至高无上的荣誉。在此之前，校级、县级、市级荣誉我已得过不少，省级荣誉这是第一次。其实，我没有比别人做得好多少，有许多教师比我贡献大，他们长年在高三把关，在县内、市内知名度很高。也许是因为我在年轻教师中表现突出一点。那时学校班额大，很少有老师同时带两个班的主课，而这八年中我几乎每学期都带两个班的数学课，且兼任班主任。第一次大循环，是我从高一开始带的平行班，后来在本年级和高考中成绩优秀。第二次和第三次小循环，是中途接的班级，虽说不是差班，但一般都是班级出了问题才更换班主任的。我毫无怨言地接手，又默默无闻地扭转了局面。我也仅仅是多做了一些大家都在做和都能做的事情。

在送走1989届高三毕业生后，领导安排我接手新高二（4）班、高二（5）班的数学课，兼任高二（4）班的班主任。我的分组教学实验就是从高二（4）班开始进行的，以高二（5）班作为实验对比班。在1991年高考中，高三（4）班的整体成绩在平行班领先，数学成绩遥遥领先，数学高分段人数是其他班的两倍。学生高考成绩的优异，佐证了分组教学实验的成效。

送走1991届学生后，领导又安排我接手1993届学生，带高二（1）班、高二（5）班（张湾委培班）的数学课。开学近一个月后，学校又让我担任高二（1）班的班主任。我知道，这个班从高一到当时已经换过三个班主任。高二（1）班是英语生、俄语生混合班级，据说是X科意向的政治和化学专业的文理混合班，构成复杂，外语课程和早自习分开上，管理难度很大。一直到高二下学期，才正式确定为文科班。高二（1）班原来班风较差，在我接手的第一周，班内几个俄语男生就在体育场与其他班学生打群架。我一方面配合学校了解情况，解决问题，使学生受到教育；另一方面我需要保护、帮助这些迷途知返的孩子。那几天，我确实很忙，恰巧感冒发烧就调了一天的课。惹祸的孩子们听说我累病了，就买了礼品，主动带上保证书到家里看我，有两个孩子还哭了。我看到这些孩子好像一下子懂事多了，心里很高兴，就顺水推舟地教育他们："知错能改就是好学生。礼品请大家带走退掉，保证书我收下。老师希望你们有

男子汉的气概，能说到做到，痛改前非。至于学校会给予什么处分，大家不用太担心。就是给了处分，只要你们改好了，我也会建议学校撤销处分的。”

不久，两个英语女生因学习压力大，留下一封信出走了。我得知后，亲自带领几个班干部连夜到火车站劝阻。学生看到我亲自来了，面带愧色，与我一起回到了学校，真是有惊无险。我给她们做了细致的思想工作后，她们打消了出走的念头，逐渐安下心来读书。

功夫不负有心人，经过大家的努力，英语生、俄语生混合班化茧成蝶，由问题班转变为模范班，在1993年高考中交上了一张圆满的答卷：高考总分上线人数刷新学校文科班纪录，在襄樊市名列前茅；龙明涛同学以628分的高分获得当年高考襄樊市文科状元（湖北省第三名）、陈礼国同学获得市第三名；全班同学都顺利高中毕业，被理想的高一级学校录取。同学们的优异成绩，也为我的工作业绩增加了一道光环。同时，我的论文《高考数学命题回顾》1992年1月在《数学通讯》上公开发表，论文《因材施教　注重基础——93年数学教学备考小结》在市教育工作会上交流。从此，我受到学校领导的格外器重。1993年9月，学校领导安排我带当年新招的两个保送班之一——1993届高一（2）班。次年教师节，我被授予湖北省“模范教师”称号，还被学校聘为年级主任。从此以后，好多年，我都是教重点班。我的教育成就，逐渐达到新的高峰。

我认为，当班主任给我的教学工作提供了许多便利。同时带两个班，我当班主任的那个班的数学成绩经常超过其他班。关键在于，当了班主任，不仅可以深入了解学生，因材施教，而且通过感情投入，学生会密切配合，使效果达到最佳。

我在近40年的教育生涯中，之所以顺风顺水，主要原因就是长期在教学一线，当班主任或年级主任，满负荷工作。今年我已经59岁，在担任广州市特级教师工作室主持人的同时，仍然承担两个班的数学教学，并且不拿一分钱的津贴。我坚守一线，直接接触受教育者和一线教师，得到了许多直接、感性的教育研究素材。

继湖北省优秀教师荣誉之后，我又多次荣获省级以上的荣誉，如湖北省优秀数学教师、湖北省特级教师、国家级中小学骨干教师、南粤优秀教师、全国模范教师等。

有时你多做了工作，表面上吃了“亏”，实际上你抓住了机会，受到了历练，增长了才干，得到了认可。

教育感悟：“吃亏是福”，这不但是一种人生策略，更是一种生活智慧。只有持之以恒，才能厚积薄发。

不忘初心　成就梦想

安贫乐道写春秋，
不忘初衷心依旧。
鞠躬尽瘁树师表，
桃李芬芳织锦绣。

自从40年前站上讲台以来，我四次放弃了离开讲台的机会。

第一次离开讲台的机会，是1977年恢复全国高考制度，我参加高考之后。当时，我的考分相对比较高，超过控制线60多分，有选择的余地。在填报志愿时，家里人都不看好当教师，他们认为教师“老九”的地位低，以前当民办教师是没有办法的办法，现在参加高考后，可以重新选择，为什么还报师范专业呢？父亲想让我填报医学专业，以后接他的班；家里其他人则让我报行政、商业或技术类专业。但我自己认为，当教师本身没有什么不好，目前地位低不等于将来也低；我自己喜欢教书，师生关系比较单纯，职业比较稳定，同事之间关系也好相处；我从小就想当教师，而且已经当了两年教师，感觉良好。所以，我坚持填报师范专业，毕业后继续当教师。看到我这样坚定地想当教师，家里人也就不好再反对了。父亲就说：

"当教师也好，教师和医生都是帮助人，都不会失业。"

从师范学校毕业后，我被分配到襄阳县师范学校任教。之后由于县级师范学校改制为教师进修学校，停止招收师范生，教师分流。作为县财政拨款的学校，我可以调到县委党校，远离普通中学，会很快走上仕途；也可以调到县级中学任教，继续在一线当教师。我知道，在师范学校和党校很容易改行从政，但我认为在县级中学更能发挥我的才能，所以我毅然选择了到县级中学任教。1986 年 8 月，我从襄阳县师范学校调到重点高中襄阳县一中继续任教。这是我第二次放弃改行的机会。

到 1999 年，我在襄阳县一中兼任两届年级主任六年，兼任教务主任三年后，学校推荐我升任副校长，区委组织部已经到学校对我进行了考核。我自认教学和教学管理还能胜任，可当副校长并不是我的长项。因此两年多过去，升任副校长的批复一直没有下来，我也没有把它当回事。2002 年元旦后，温州市，杭州市萧山区和广州市越秀区、东山区、海珠区、黄埔区等教育局，分别发函调动我的工作。随后，襄阳区教育局局长找我谈话，有意调我到本地区二中或区实验中学任副校长，我婉言推辞了。如果 1999 年组织部下文让我当副校长，只要不离开讲台，我是会接受的。但两年多过去了，到异校任副校长，我心里没有底，何况到浙江省或广州市可以有更大的发展空间。所以，我放弃了第三次离开讲台的机会，选择到广州市任教。

2005 年，我到广州的第三年，广州市第八十六中学竞聘中层干部和副校长。按我的资历和阅历，应该有条件参加竞聘，学校领导和同事也劝我参加。我感觉自己虽然对于一线教学和基层教育管理得心应手，但受到个人性格和经历的局限，行政管理并不是我的长项。我又放弃了这第四次行政晋升机会。虽说以后，我又出任了两届六年的年级长，但委实是却之不恭而为之。虽然还是认真尽心地完成了两届年级长的职责，但我并不是把它作为仕途晋升的台阶。

我为能终身从教自豪，不管世俗的眼光如何。我最喜欢听到别人对我的称呼是“贾老师”，因为我一直坚守在教学第一线，是一位名副其实的老师。我曾构建的小有名气的教育博客，就命名为“贾老师数学教育网”。别人称呼我为“贾特”也可以，因为我的荣誉职称是“特级教师”，而且我自认尽到了一个特级教师的职责。最刺耳的称呼是“贾校长”，每次在高端学术交流会上，总有人喜欢叫我“贾校长”。也许他们认为称呼我为“校长”是对我的尊敬，但每次遇到这种情况，我都会毫不客气地纠正他：“我不是校长，我是一位名副其实的教师!”在世俗的眼里，优秀教师也只是“布衣”一个，当官的好像就高人一等。

在现实中，“伤仲永”现象也并不鲜见。有少数教师，本来业务素质很好，但他们对仕途趋之若鹜，舍本逐末，浪费了自身的禀赋。悲哀、惋惜！若能守住讲台，他们一定可以成为优秀的专业教师，甚至教育专家。好教育，是民族的希望。好教育需要好教师!

当教师，做一名优秀教师，是我儿时的梦想。不忘初心，耐住寂寞，甘守清贫，守望讲台四十年，成就了我的教育梦想。做一辈子教师，安于教书，乐于育人，我无怨无悔。

教育感悟：教育是事业，这项事业需要大批有识之士来坚守。教育部门需要营造良好氛围，为一线教师搭建发挥所长的宽广平台。

4 站高望远　更新观念

国家培训理念先，
基础教育迎春天。
与时俱进勇实践，
站高远眺直向前。

我曾有幸先后进入三所重点师范大学，接受先进教育观念的洗礼和深厚知识文化的熏陶，教育大师的教育教学理念、人格魅力和治学精神深深地烙印在我的心中，使我受益终身。

1985 年 8 月至 1988 年 6 月，我参加华中师范大学的数学教育进修，学习了扎实的数学教育基础理论和教学方法，理论与实践相结合，学以致用，使我在教学工作中得心应手。

2001 年 10 月，我有幸参加第三期中小学骨干教师国家级培训。在陕西师范大学三个月的集中学习考察和一年的在岗实践，使我更新了教育思想和观念，学习到了前沿的现代教育理论、先进的教育技术和崭新的教育方法，站高望远，受益终身。

2013 年 1 月，我构建了广州市特级教师工作室，并于 2014 年 1 月参加华南师范大学组织的首批广州市名教师特级教师工作室主持人研修。通过集中学习考察和原岗自学研修一年多，我的个人专业水平提升到新高度，能够肩负起引领教师专业成长的使命，立于教育改革发展的前沿，带领一批年轻教师潜心研究教育课题，深入探讨教学课例。

中小学骨干教师国家级培训

2002 年 10 月，金秋收获季节，我回到阔别一年的陕西师范大学，心情万分激动，倍感亲切。回望过去一年，我的收获胜过十年，且将受益终身，永世难忘。

1）受益终身的培训全程与实践应用。

①从 2001 年 10 月开始在陕西师范大学集中学习近三个月，使我更新了教育思想和观念，学习到了前沿的现代教育理论、先进的教育技术和崭新的教育方法，有幸聆听到久仰的教育家、数学家的专题讲座，目睹著名学校的风采，受益终身。培训学院的领导、老师们那渊博的知识、严谨的工作作风、科学的教学态度、忘我工作的精神、熟练的教学技巧和高尚的人格魅力，在我的脑海中留下了

2001 年 12 月，第三期中小学骨干教师国家级培训数学班学员合影（我在第二排左四）

深深的烙印，使我终身不忘。我如枯木又逢春、久旱遇甘霖，在知识的海洋里尽情地、不知疲倦地畅游。我学完了开设的九门课程，听取了十八场专家报告、六节观摩课，考察了西安、南京、无锡、苏州、上海等地的八所学校。同时，也极大地增强了勇于探索的精神和追求美好的自信心。

数学班的 37 名学员是来自八个省份的骨干教师，有特级教师 5 人，国家级优秀教师 4 人，省级优秀教师或模范班主任、先进教育工作者 18 人，其他则是市级拔尖人才或学科带头人、教育硕士等，个个都有绝招。通过这三个月的相互交往，他们丰富的教学经验、勇于探索的进取精神和善于协作的团队精神等优良品质给我留下了深刻的印象。我为有幸能为学员们做点事感到高兴。在现代教育技术方面我懂得略为多些，耐心地为学员们解答了上百个问题；我制作的“教育考察报告 · 演示文稿”“做一个深受欢迎的数学教师 · 演示文稿”“培训学习小结”和下载的有关信息等都成为学员们争相复制、参考的材料。这短短三个月的经历，成为我美好的记忆和教育生涯中的一笔财富。

②初试牛刀，顺利地完成了学院布置的一份特殊作业。在陕西

师大集中培训结束之际，应师大数学与信息科学技术学院之邀，我为大学四年级学员作了以“做一个深受欢迎的数学教师”为题的报告。我利用在师大接受的新的教育思想和观点，结合自己的工作实践，阐述了怎样做一个教师，怎样做一个深受学生、家长、同事、领导欢迎的数学教师。会场里未来数学教师同行们的阵阵爽朗笑声和掌声，使我感到十分踏实和由衷高兴。能顺利完成任务，说明我学到了有用的理论知识，在以后的教育教学工作中可以大展宏图。

③培训结束时，我写了 5 000 多字的教育考察报告《我国基础教育的曙光——赴南京、上海等地教育考察报告》。集中学习结束时，我写了6 000多字的培训学习小结《以身立教　勇于创新》和 6 篇学习心得（《新的教育思想和理念》《诱思探究教学精髓》《问题解决和数学建模》《数学的哲学和数学文化属性》《新课程和教学改革》《数学教学过程》）。教育考察报告和培训学习小结收录于襄樊市《教育文献汇编》。

④我满载着在陕西师大学到的前沿教育理论和导师的殷切期望回到教学第一线，把我学到的教育理论与实践紧密结合。2002 年 1 月，我在学校中层干部会议上，作了国家级培训学习情况专题汇报，通报了国家级培训学习的基本情况，介绍了国家教育改革的趋势和各地教育发展情况，结合本校实际提出了教育改革的设想和建议；在襄阳区中学数学教研会上作了题为“更新教育思想和观念　迎接基础教育的春天”的专题报告，与会教师会后感慨地说，听后感受到教育春天的气息，也感受到在新形势下教师工作的任重道远。此外，我在平时教育教学工作和日常交往中，注意渗透新的教育思想和理念，起到一定的辐射、宣传作用。

⑤回到任教的学校后，我整理了按新的教育理论、方法进行课堂实践的教学设计两篇（《教学设计 · 递推数列 $a_n = pa_{n-1} + q$》《教学设计 · 函数与方程思想》）。从情境引入，激发思维；切入主题，循循善诱；因势利导，步步深入；画龙点睛，深入浅出；辩证思维，培养品质等方面进行教学设计，探讨如何做到引人入胜以激发学生

兴趣，培养教师善诱、学生多思的习惯，促进师生互动等，为研究课堂教学提供了较好的案例。

⑥经潜心研究，我撰写了教育科研论文四篇（《浅谈数学课堂教学的语言艺术》《一声手机铃响和三声“对不起”》《从校长办公室的设置和接待说起》《宽容也是一种教育》），其中《浅谈数学课堂教学的语言艺术》在襄樊市数学教研会上获一等奖。此文阐述了导入情境、语言准确规范、趣味幽默、以姿势表情助说话等语言艺术。教师的课堂语言艺术既体现了教师的教学能力，又和教学效果紧密相连。数学教师能自如运用课堂语言艺术，建构良好的学习环境，才能引人入胜，吸引学生的兴趣，启迪学生的智慧和创造力，提高学生的素质。教师只有在教学实践中不断探索，不断总结，精心设计，不断完善自己的教学语言，才能达到数学教学语言的科学性、艺术性的辩证统一，实现“教书匠型”向“学者型”“专家型”教师的转型，担负起新世纪赋予我们的伟大历史使命！

⑦经调查研究，我写出了4 000多字的教育调查报告《襄樊市高中教育状况调查报告》，反映了当时基础教育中普遍存在的不良现象。完成了6 000多字的结业论文《透视和反思应试教育——国内应试教育下的高中教育和数学教学》，从不同的角度透视了具有代表性、影响大的若干教育现象（包括数学教学），并进行了深刻的反思，分析了其滋生的根源，提出了一些遏制其蔓延的良策。我国的教育状况不容乐观，应试教育根深蒂固、危害甚广。对于影响学生发展、阻碍社会进步的教育观念，需要进行深刻的反思，找到其滋生的根源。素质教育是一项系统工程，需统筹规划、综合治理；推行素质教育的关键是转变教育思想、更新教育观念；教师的观念影响一个班级的教学活动和效果，校长的教育思想、观念影响整个学校和所有教师与学生，教育部门主管领导的观念则影响一个地区的教育教学；育人为本，应全面贯彻教育方针，全面提高学生的素质，尤其是提高学生的思想品德素质；学校的工作应“一切为了学生，为了学生的一切，为了一切学生”；建立一个教育教学的科学评价体

系，以遏制盲目追求升学率、升学数的现象；成长无法代替，教学过程即学生亲身体验、自我建构的过程；教育必须遵循青少年身心发展的规律，讲究科学育人的方法。

⑧在班级管理和数学教学方面，我进行了周密的安排。在陕西师大培训和因病住院期间，我对工作作出了妥善安排，并随时掌握情况，使高三（11）班的教育、教学工作没有受到影响。在西安三个月集中学习结束回校后，与科任教师一起认真分析学生情况，细心指导，同学们学习热情空前高涨，班级教学情况逐渐接近并超过平行班高三（1）班。经过师生共同努力，高三（11）班在2002年高考中取得了优异成绩：囊括了区理科总分前5名；600分以上26人，达38%；过重点线61人，占88%，又创学校高考新纪录。

我只是尽力做了自己应该做的事，而党和人民却给了我太多的荣誉。2001年10月，湖北省人民政府授予我教师的最高荣誉——“特级教师”称号；2001年12月，我被评为襄樊市“学科带头人”；2002年6月，关于我的先进事迹报道《无悔人生》收录于襄阳区《科技之光》文献。

培训学习的时间是有限的，但在当今的信息时代，知识和能力建构将伴我终身。我觉得自己的能力还有待进一步提高，国家级骨干教师的作用还远远没有发挥出来。我将把这段经历深深地铭刻进我的记忆之中，并以此作为我人生事业征途上的中继站，在今后教育改革的征程中，率先垂范，做先进教育观念的传播者、科学教学方法的实践者，以身立教，与时俱进，勇于创新，为中华民族教育事业的兴旺发达而竭尽全力，谱写新的辉煌！

2）收获满满的教育考察之行。

2001年12月，我与在陕西师范大学参加第三期中小学骨干教师国家级培训数学班的36名学员，进行了为期十天的教育考察。我们从西安出发，先后到南京、苏州、无锡和上海等地进行了教育考察学习。在这短短的时间内，我的收获很大，目睹了当时具有代表性的中学教育状况，聆听到教育专家和一线教育工作者的专题报告、教育改革情况介绍，领略了现代化都市日新月异的变化和祖国沿途山川的秀丽风光。

（1）教育考察见闻。

考察的第一站是在南京。我们参观了国家级示范高中金陵中学。这是一所历史悠久且紧跟时代步伐的完全中学，校园整洁靓丽，现代化的教学手段使我们大开眼界。岳燕宁校长的介绍，使我们更进一步了解到金陵中学在素质教育方面所做的大量有益的探索。岳校长站在国际的高度指出了中国现行的应试教育是受教育者“素质不全、动手能力差、心理素质差、创新能力差、人文精神缺乏”的罪魁祸首。“教育是一把双刃剑，可以发展一个人，也可以埋葬一个人！”金陵中学教学的学分制、高考改革实验和渗透研究性学习这三项教改尝试，取得了可喜的进展和宝贵经验。金陵中学是学生的乐园，学生“人无全才，人人有才”；教育面向全体，人人成才。金陵中学造就了一批充分发挥自己潜能的拔尖人才、奇才、怪才。

在南京大学我们聆听了郑毓信教授关于教育改革前沿的最新动态的报告，使我对中学课程改革、建构主义思想和开放型问题又有了新的认识。南京师范大学博士生导师喻平讲解了关于数学教学的心理学课题和研究方法，为我们的教学科研提供了具体的研究课题和实用的研究方法。

在园林城市苏州，我们参观了苏州大学风景秀丽的校园、学术浓厚的数学系和著名的《中学数学》编辑部，感受了苏州大学校园的人文风貌，看到了久仰的权威数学杂志的编辑部。

考察的第四天，在江苏省无锡市，我们参观了光华教育集团公司主办的私立无锡光华学校。它是一所集幼儿园、小学、初中、高中为一体的基础教育学校，是学校规模、教育管理、素质教育等方面均能与公立学校媲美的现代化学校。光华学校的办学理念是“办现代化的学校，实施现代化的教育，培养现代化的人才”，“永不满足，只争第一，把自己的生命潜能发挥到极致”，校训是“诚实、勤奋、拼搏、创新”。我深深地为办学者深谋远虑的宏图和胆略而叹

服，在这里有很多方面可以给公立或私立学校的管理者提供借鉴。

这次考察的最后一站是上海，也是这次考察中最精彩的篇章。上海是国际大都市，这里摩天大楼林立、人口集中、经济发达、人才济济，拥有大量的教育资源，多种多样的办学模式使教育资源逐渐得到开发。在上海我们参观了有百年历史的公办学校南洋模范中学、公办民助的进才中学和私立新世纪江海学校。

在上海还有幸聆听到国家中小学新课程标准的制定人、华东师范大学张奠宙教授对国际国内教育状况的准确分析、对我国课程改革必要性的精辟论述和我国高中新课程改革的实施蓝图。

2001 年 12 月我（后排右一）在上海与华东师范大学张奠宙教授（前排中）等留影

南洋模范中学是中国人自己创办的最早的新式学堂之一，创建于 1901 年，其前身是南洋公学。百年来，学校以名师荟萃、校风纯正、人才辈出而蜚声海内外。近一个世纪以来形成的办学传统、特色、校训和校风已成为数代南模人的宝贵财富，并在新形势下得到继承和发扬。学校坚持让学生全面发展，成立了上海市学生艺术团、南洋模范中学交响乐团、“紫藤苑”文学社等众多社团，学生视其为施展才华的天地、通向成才之路的桥梁。南洋模范中学不愧为孕育英才的“江南模范”。

进才中学是祖籍江苏的台胞叶进才先生捐资一亿三千万元人民币、政府投资一亿四千万元人民币建设起来的。学校富丽典雅的建筑、现代化的教学办公设施、高标准的运动场地等让人耳目一新，整洁规范、人文氛围浓烈的育人环境使人流连忘返，豪华实用的师生餐厅、多种层次的营养配餐让我们得到了一次美的享受，严格的门卫制度与高度负责的门卫也让人肃然起敬。更让人获益的是进才中学高屋建瓴的教育思想和理念、现代化的教育方法和手段。特别是进才中学数学组提出的数学行动纲领更发人深省：“让所有学生学习更好的但都是有所区别的数学，这种‘好的’与‘区别’主要基于学生个人需求的选择；让每个学生都会用自己内心的体验和主动参与学习数学，这种‘体验’与‘参与’会不断增强学生的自信。”进才中学拥有一支教育思想先进、能够体察教学真谛、情系进才、献身教育事业的师资队伍。

新世纪江海学校是江海科教（集团）公司继包头新世纪江海学校之后创办的一所从小学到高中的完全学校。他们“以人为本，以新求胜”，“规范加特色，全面加特长”的办学思路很有新意。学校引进激励竞争机制改革工资和奖励制度，鞭策大家奋发向上。

在这次集中考察之前，我们到西安西飞高中进行了学习参观。西飞高中是西安飞机制造集团公司办的一所有24个班级的学校，学校的环境一般，学生大都走读，老师走教。但这里的育人氛围、教学管理、师生精神风貌与升学率却出人意料的好。因为在湖北像这样的厂办学校大都垮了，而西飞高中人气旺盛，校园生气勃勃；宣传橱窗中西飞高中两年来在全国数学、化学、计算机竞赛和运动会中获得的一张张奖状、一面面锦旗映入眼帘；考入名牌大学、重点大学学生数、升学率均远远超过本地区同类学校。耳闻目睹使我了解了其中的奥妙：以人为本，充分发挥人的潜能；“一切为了孩子，为了一切孩子，为了孩子的一切”，追求每个学生生动、活泼、主动

发展；变“主宰”为“主导”，变重“知”轻“能”为“知”“能”并重；变单纯的“责任”为丰富的“情感”，把更多的“情”和“爱”注入教育事业，撒在学生的心田；学校有一位勤于更新教育观念的先行者、与教师同甘共苦的校长，有一支充满生机与活力的教师队伍。

在陕西师范大学学习期间，师大领导安排我们对陕西师大附中进行了参观学习。师大附中校园布局合理，教育管理严谨，育人氛围浓烈。师大高素质的管理对附中起到很大的辐射作用，经师大四次论证、酝酿出台的学校人事改革正在实施：“全员下岗，招聘上岗”；行政处室人员定编 15 人（包括实验室人员）；教师两年一聘，行政处室一年一聘；可以低职高聘，也可高职低聘。这样大胆的创新精神让人刮目相看。陕西师大附中创建于 1910 年，从陕西省模范两等学堂开始，学校几度移迁、几经更名，伴随着中国革命的历史进程，她饱经风霜、历尽沧桑。中华文化和革命传统的精华铸就了她的风骨，三秦大地的辉煌历史和淳厚民风凝成了她的精神。一百多年来，学校涌现出许多仁人志士，培养了一大批“高、精、尖”人才，为高校输送了数以万计的合格毕业生。如今的陕西师大附中是一所在省内外都有一定影响，备受社会、家长信赖和学生向往的全省一流重点中学。

这次教育考察使我大开眼界，我看到了中华民族的希望，看到了我国基础教育的曙光。陈旧的教育思想和体制正在逐渐灭亡，崭新的教育思想和理念逐步深入人心。中国的高等教育与先进国家相比落后很远已是不争的事实，基础教育中应试教育已成为扼杀个性、摧残人才的工具的事实，为越来越多的教育工作者所认识。上海具有牢固的经济基础和深厚的文化底蕴，教育资源得到有效开发，科学教育走在全国的前列。他们在用崭新的教育思想和理念指导教育教学；“以人为本”的教育宗旨在上海的很多学校得到了深入贯彻，现代教育技术在上海已由“辅助课堂教学”发展到“与课堂教学的有机整合”；多种多样的办学模式为科学教育的发展开辟了广阔的天地。

（2）思考。

①育人为本，是学校所有工作的根本。

德育为首、全面育人是学校的育人方向，德育是学校的中心工作，是学校所有工作的根本，也是最能体现学校特色的方面。以上几所学校在德育工作方面让人感受到的特点是：全面育人、多渠道育人和多种形式育人。西飞高中校长把他们学校的德育工作归纳为这么几句话："领导要管理育人，教师要教书育人，职工要服务育人。"他认为学校的德育工作不是简单的作报告、喊口号、硬性灌输，而应量化、内化和具体化，将显性育人与隐性育人相结合，才能达到预期的效果。面向全体学生，"行行出状元，生生能成才"；使学生德、智、体、美全面发展，培养出兼具高尚品德与聪明才干、创新精神与实践能力，具有鲜明个性且善于合作的一代新人。金陵中学的育人方式是全方位的，不管你走到哪里，都可以看到优美的环境，名家的书法、绘画，著名科学家、学校培养的著名两院院士的介绍，他们深入挖掘了每一片草地、每一块石头的育人功能。

②有了一个好校长，就有一所好学校。

金陵中学岳燕宁校长是著名的特级教师，参与了新课程标准的制定工作，亲自指导学生开展研究性学习活动，始终站在教育改革的前沿。进才中学在建校之初就面向全国招聘校长，经过筛选最后由上海师范大学教授袁小明当选，其良好的业务素质可想而知。无锡光华学校、新世纪江海学校等私立学校都是教育（集团）公司招聘好校长才开办的。私立学校创办成功的关键不在于董事长有多少钱，而在于董事长聘任了一位具有创新精神和先进教育思想、理念的校长。这几所学校之所以有今天的成就，关键都在于有一位好校长。他们身上集中体现了两个重要特点：一是良好的个人素质，特别是良好的思想素养、人文素养和专业素养；二是民主、科学、创新的管理理念。思想素养体现在尊重科学、热爱教育事业、没有本位思想、勇于开拓的探索精神，它决定了校长的见识；人文素养体现在以人为本、尊重人才、尊重知识、爱护师生等方面，它决定了

校长的意识；专业素养要求校长是一个学科内行甚至专家，追求教育创新、立志成为教育家，它决定了校长的胆识。见识、意识、胆识是一个好校长的必备条件。只有充满生机与活力的学校，才能孕育出一支充满活力的高素质的教师队伍，才能培养出具有创新精神与实践能力的高素质的学生。教师的观念，主要影响班级和学科教学；校长的教育思想、观念则影响整个学校和所有教师与学生。因此，学校能否健康发展，最终取决于是否拥有一个好校长；学校教育改革的真正实施，关键的一条就是选拔和培训一个好校长，并且完善用人制度、民主监督和民主管理制度。

③高素质的教师队伍是素质教育的根本保证。

教师是社会主义精神文明的传播者，是学生增长知识和思想进步的导师，又是社会主义精神文明的创造者、实践者。一所名校是由名师和学科带头人支撑的，这句话一点也不假。这些学校都有几位学术造诣深厚、师德高尚、使学校师生备感自豪的名师或学科带头人，他们在教育教学中不仅起着榜样作用，更起着指导和辐射作用。我们与这些名师的接触虽然只有短短的半个小时，但也倍感受益匪浅。这些名师将成为我们今后发展的楷模。他们的科研兴校，不是停留在口头上，而是落实在行动上，落实在教育过程中。他们很早就有意识地投入大量的人力物力开展科研工作，通过科研转变教师的教育观念，提高教育教学能力和素质。他们认识到教育科研将极大地提高教师的专业意识，所以注重培养教师的研究精神，提高教师的反思能力，唤醒教师的创新意识，从而使教师的综合素质得到全面的提高。金陵中学研究性学习的顺利实施、软件专家的层出不穷、国际奥林匹克金牌的夺得，进才中学研究性学习的有效开展、课题成果的获得、多方面人才的培养等，都得力于高素质的教师队伍。

21 世纪充满竞争、充满信息，同时也充满机遇，具有划时代意义的一场教育变革已孕育和形成。信息化时代的到来给中华民族带来了新的机遇，我们能够与先进国家站在同一起跑线上，以提高国民素质和民族创新能力为宗旨，着重培养学生的创新精神和实践能力，深化教育改革，构建适应终身学习的教育体系。上海等地对办学模式、素质教育的探索为全国教育提供了可资借鉴的宝贵经验。十天的教育考察，让我们受益匪浅，同时看到了我国基础教育的曙光。相信经过我们这一代人的不懈努力，在不远的将来我国在经济基础、文化教育、科学技术等方面一定能够攀上新的高峰。

名教师特级教师工作室主持人研修

1）首批广州市名教师特级教师工作室主持人研修。

2014 年 1 月，我参加了华南师范大学基础教育培训与研究院组织的首批广州市名教师特级教师工作室主持人研修。一周的集中培训，时间虽不算长，但内容丰富，形式多样，我的收获颇丰。听了教育专家和同行的九场专题报告与交流，我不仅明确了工作室的任务和内容等，还了解了当前的教育前沿动向。特别是一些教育教学工作很有见解的专家以鲜活的案例和丰富的知识内涵，给了教育教学具体的操作指导，使我的教育观念进一步得到了更新，真是受益匪浅。

(1) 构建和谐课堂，提高德育实效。

培训期间，北京师范大学檀传宝教授所作的《德育基本概念分析与德育实效的提高》专题讲座，对每个教育工作者都有较大的启发。

德育教育的主要阵地在于课堂，课堂教学是实现德育教育理想和教学目标的主要途径。学生在学校的学习生活，大部分时间是在课堂度过的，课堂是学生学习科学文化知识、技能和方法，提升思想道德水平的主要场所，所以，课堂不仅是学生学习知识的主要阵地，也是学生培养良好品德的主要场所，课堂学习的情况将直接影响学生知识技能掌握的程度和思想道德素质的高低，学生在课堂上所耳濡目染的将会潜移默化地反映到学生的成长过程中。课堂承担

着传授知识和培育道德的双重责任，它的灵魂是育人，抓住了课堂，才能抓住“全员德育”的精髓，才能抓准学校德育的命脉。

（2）践行师德规范，引领教师成长。

华南师范大学基础教育培训与研究院院长吴颖民作了题为“践行师德规范，引领教师成长——关于学校师德建设的实践与思考”的专题报告，使我进一步体会到教师职业的神圣，同时也感责任重大。

“教师是太阳底下最崇高的事业。”“红烛”“人梯”“春蚕”，这些对教师的比喻暗含着教师职业的伟大和无私。所以，教师要对自身职业有充分的认识，并践以行动，使自己无愧于“教师”这一称呼。随着社会对人才的需求不断提升，竞争越来越激烈，教师的地位和作用越来越重要，社会对教师的道德水平和职业技能水平的期望值越来越高，人民群众对优秀教师、优质教育的呼声也越来越强烈，对教师的要求也越来越严格，加强教师职业道德建设显得越来越迫切。

（3）教育百家争鸣，创新万花齐放。

培训期间，还有幸请到了西南大学的宋乃庆教授，宋教授作的《建国以来我国基础教育中的若干争鸣问题》专题讲座，使在场听众耳目一新，茅塞顿开。宋教授从事教育教学工作多年，理论功底深厚，实践经验丰富。他列举了新中国成立以来影响力较大的争鸣问题，如：关于劳动教育是否与体育、智力、德育并列的黄济、瞿葆奎之争；王策三、钟启泉关于当前改革的理论之争；校长应走向职业化还是专业化；校长是否应该进行教学科研；重点校（示范校）办还是不办……并对争鸣双方的观点一一进行了详细讲说，对争鸣问题发表了深刻而独到的见解。此次讲座内容丰富、见解独特、针对性强，使在座听众深受启发。针对我国当前存在的许多教育弊端以及因为缺乏深入研究而导致实践之路困难等问题，他指出，争鸣显得尤为重要，真理越辩越白，争论越争越清，争鸣能把是非曲直弄清楚，并且作为一种总结、学习，在推动教育教学发展的同时能为学术界注入活力，有了教育百家争鸣，才能迎来创新万花齐放。讲座让参加培训的老师感受到了宋教授作为专家、作为权威的学者追求真理的严肃态度，同时感受到了学术界的一股清爽之风。

（4）用心探索教育，构建学生未来。

此次培训，不仅邀请了全国著名的教育专家，还邀请了基础教育一线的名师。其中，南科大实验学校副校长唐晓勇所作题为“构建学习共同体　在对话中分享成长”的专题讲座，既精彩又接地气。与会者被唐老师用“心”探索教育的专业精神深深感动，我由此想到了新课程改革。新课程改革的核心任务是学习方式的转变。在新课程所要完成的三大主要任务中，转变教与学的方式，尤其是转变学生的学习方式是核心的任务。教师课堂教学方式的改革，最终目标是转变学生学习方式，改变学生在学校里的生存条件，使培养出来的人才能够比传统方式培养出来的更具有创新精神与实践能力。技术支持的教学、学习变革迫在眉睫，信息技术的运用，绝对是促进教师教学改革、学生学习方式变革的有效工具。用新的信息技术为课改注入新鲜血脉，以更多的新技术的运用作为改变教与学的方式的切入点，用简单的学习工具，实现丰富的学习过程。

2）山东之行，感受深刻。

2014 年 5 月下旬，我随广州市名师教育考察团赴山东济南、泰安和青岛三市，进行了为期一周的教育考察。大家通过看学校环境、听校长介绍、座谈交流、观摩听课等方式，深刻感受到各校丰厚的文化教育资源和鲜明的办学特色，其先进的教育教学管理经验及独特的办学模式使人眼前一亮，感触颇深。

我把考察的收获浓缩为几首简洁的七言诗，以飨读者。

教育分享

南粤团队达齐鲁，
孔孟文化底蕴厚。
教无地域畅分享，
杏坛英才竞风流。

三市七天八院校，
课例报告十五套。
安排严谨皆紧要，
身体虽累大收效。

2014 年 5 月，广州市名师教育考察团在山东大学附属中学留影

一线专家

——山东大学附中考察纪实

山大附中领风范，
未来摇篮多状元。
信仰追求任道远，
教育专家在一线。

底线管理教育观，
道德自律靠规范。
教师发展有沃土，
学生成长尽乐园。

快乐校园

——泰安实验学校参观交流有感

清早快车达泰安，
实验学校观校园。
有序间操色斑斓，
层次分明生源宽。

民主课堂呈样板，
合作学习皆习惯。
思维碰撞火花闪，
理想放飞向明天！

民办教育的神话（诗两首）

——北京师范大学青岛附属学校见闻

（其一）李玲校长

尊重个性扬个性，
和而不同大家赢。
文化引领植基根，
人格魅力霸气生。

（其二）用心作文

生活细节见精神，
香兰娓道也动听。
课前堂下皆素材，
绿岛和风画国文。

3）深圳交流，受益匪浅。

2015 年 1 月，广州市名教师特级教师工作室主持人参加了由华南师范大学基础教育培训与研究院组织的第二次研修集训。这次集训由黄牧航副院长和宋春燕主任亲自带队，率领学员们抵深圳进行教育考察交流，参观了红岭中学的吴磊教师工作室、园岭晨光小学的王鹏教师工作室和福田中学的于才名师工作室，聆听了相关介绍。耳闻目睹，感受深刻，我现场赋诗与同行学员即时分享。

耳目一新

——访深圳吴磊教师工作室

周末考察抵深圳，
红岭中学耳目新。
名师工作布七室，
亲见吴磊不虚行。

园岭晨光

——访深圳王鹏教师工作室

园岭晨光耀南粤，
名师兴校显特色。
版画艺术筑美梦，
王鹏守望洒热血。

杏坛楷模

——访深圳于才名师工作室

特区杏坛看于才，
卓越名师眼界开。
学习改变人命运，
教育楷模寄情怀。

培训是短暂的，但意义是深远的。这几次培训，不仅使我们对自己的职业有了全新的认识，同时也锤炼了我们的专业素养，拓宽了我们的知识视野，增强了我做好工作室主持人的信心。在今后的教育教学中，我将不断吸取和借鉴专家与同行们的经验，与时俱进，跟上时代的步伐，担负起引领教师专业成长的历史使命，走在教育改革的前列。

二 守望梦想

三尺讲台四十年，
湖广守望立杏坛。
终身从教筑信念，
与时俱进列前沿。

站在讲台的四十年生涯中，我钟情教育，善于反思，孜孜不倦，执着守望。在一线教学、教育管理、教师培养和教育科研等方面，进行了扎实的实践和研究，留下了一串串清晰的脚印。

1 春风化雨　自辟蹊径

教书育人　以生为本

教育是爱的共鸣，是心和心的呼应。教师的职责是教书育人，“千教万教，教人求真”，传授学生做人的道理，传授学生科学文化知识、学习技能技巧，为学生解答疑难问题。

学校教育通过塑造人来促进社会的发展，其根本任务，就是培养适合社会需要的合格人才，根本目的是促进社会的发展，使学生成为社会所需要的人。

教师不仅是知识的传授者，更是教会学生如何做人的引导者。教师可以说是除家长外，对学生的成长影响最大的人。教师的道德、人品表现会对学生产生极大的影响，甚至会影响其一生。同时，一个教师只有具有良好的师德，才能认真对待教学工作，取得良好的教学效果，得到学生的认可。因此，师德是教师的立身之本。

立德树人，就是“以情育人，热爱学生；以言导行，诲人不倦；以身示范，尊重信任”。对待学生，管而不死，严而不厉，爱在其中。对学生冷漠，缺乏热情，绝不是一个有良好师德的好教师。教师爱学生体现在“严”和“慈”上。教师要充分鼓励学生的自尊和自信，关心学生的学习和成长进步，使学生全面发展；与学生平等相处，尊重学生、信任学生、爱护学生、保护学生，把学生的成长和发展放在首位，就是以生为本。

学生天真、活泼、无邪，但心理承受能力弱，需要爱的呵护。所以教师要经常用爱心去引导他们，培养师生的感情，制造“师生共鸣”的心理场，从而激发学生情感，使学生健康成长。

教师的言行举止，会潜移默化地对学生产生重要的影响。我不仅在课堂内顺其自然地施行思想教育，还会以极大的工作热情和严谨的工作态度感染学生。对于学生的作业，一般都是当天批改，并亲自送到教室；对于学生的疑难问题，都是细致耐心地给予解答，不管是自己教的学生，还是其他班的学生，我都会热情帮助他们。即使年逾半百，每周的学生训练题，我都是当天晚上加班改完，及时反馈。

我做了 34 年的班主任与年级长，工作中深入细致地做学生的思想工作，并把教育实践的育人心得都记录在德育论文中。已经发表的德育论文有《真心投入　大胆放手》《真情关爱　严谨治学》《立德树人　为人师表》《从一声手机铃响和三声“对不起”说起》等二十多篇。

一摞摞红彤彤的奖状，从校级的优秀教师和模范班主任，到省特级教师和全国模范教师的奖状和奖章，正是我作为教师教书育人、春风化雨的佐证。

记录我教书育人过程的另一种方式，是保存与学生交流的信件、活动照片、微信等。它们反映了我与学生心灵沟通的过程，有助于回味和反思我们的教育，也是日后跟踪研究以往学生和教育以后学生的素材。我保留有几箱学生的来信以及装有历届学生照片的十几部影集，电脑里保存着大量与学生相处的照片。犹记得，1993 年考入华中师范大学的吴金宏同学，到高校报到后的第一件事，就是给

我写了一封发自心底的感谢信，她在信中写道："贾老师，是您教给我的一句'谁笑到最后谁就笑得最好'，让我在情绪低落、成绩下降时增强信心，战胜自我，走向辉煌；是您的博大胸怀和高尚人格魅力感染了我，使我选择了教师这个天底下最光荣的职业。我衷心祝愿敬爱的老师一生平安，事业蒸蒸日上！"每次听到学生事业有成的消息，我都由衷地感到高兴和自豪，因为这才是对"人类灵魂工程师"最好的注解和回报。同时，通过与已毕业学生的交流，我们还可以得到更真实的教学反馈，从而更好地检验和反思学校教育的效果。看了吴金宏同学的来信后，我更清楚地认识到多数高三学生的思想压力较大，从而更为主动细致地做好学生的压力释放工作，帮助他们平稳度过高考备考阶段。

分层施教　规范严谨

分层教学，是一种教学策略和模式。它强调了学生是有个性差异的，学生的个体差异是一份可供开发的宝贵教育资源。教师的教要适应学生的学，不能以牺牲一部分人的发展来换取另一部分人的发展。它的核心是面向全体学生，以学生发展为本，落实立德树人的根本任务，培养和提高学生的核心素养。分层教学要求正视学生的个体差异，针对学生实际，因材施教，实施分层推进策略，分步到位。

早在1991年，我就进行过数学课堂分组教学实验，减轻了学生的数学学业负担，提高了教学质量，收到了显著的教学效果，深受学生欢迎。后来我把它进一步规范为分层教学法，就是将班内学生按接受能力、智力水平和知识基础等划分为若干个组，分别提供与各组水平接近的教学方案，并加以分组辅导、个别指导，分别要求，分层评估、疏通信息反馈渠道，及时调整教学方案，有的放矢，促进人人进步。

2013年以来，利用特级教师工作室平台，我带领一批中青年教师又进行了数学作业分层设计的实践研究，其成果在广州市第八十六中学、广州市第八十七中学、广州市石化中学和广州市第八十四中学进行了推广，效果良好。

课题研究立项层次从区级升级到市级、省级；课题研究内容逐渐扩大，从高中基础年级扩大到高中各年级，又推广到初中；课题组实验教师从 13 人增至 31 人。课题组成员全部是以上四个学校教育教学第一线的骨干教师，他们在各自的学校都承担有满额的学校工作，相关活动安排紧凑。研究活动虽然很多，但实在、接地气。分层教学和分层作业，使学生减轻了数学学习负担，增强了学习兴趣，提高了学习效率，为学生高考奠定了基础。

课题研究成果形成论文 14 篇，已经公开发表的有 10 篇。其中《高中数学作业分层设计的基本原则》《高中数学作业分层设计的基本策略》等论文由我自己撰写，并公开发表和交流，这些研究成果促进了工作室成员的专业成长和地区教育质量的提高。

诙谐幽默　师生和谐

语言是教学过程中师生相互交流的工具，是教师使用的最基本、最广泛的信息载体。数学课堂教学过程就是数学知识的传递和反馈过程。课堂的语言艺术是课堂教学艺术的核心，是教师教学的基本功之一。诙谐幽默是一种特质，能使平淡的说教生动起来、充满情趣，是心情的润滑剂。

教师与学生和谐相处，尊重和信任学生，既是敬业精神的核心，又是师德的体现；既是育人的目的，又是教师这个职业的具体表现。诙谐幽默可以缩短师生之间的距离，课堂善用幽默，可以吸引学生的注意力，活跃课堂气氛，提高学生的理解程度。

我在教学过程中，通常在引入新课或讲解重要的数学思想和方法时，或在高度紧张需要放松时，适时讲一段幽默故事，以吸引学生注意力，或加深理解，或缓解压力。

函数与方程思想是一种重要的数学思想方法，也是高三复习的

一个难点。对于数学思想和方法的引入，如果采用“开门见山”的方式，的确可以节省时间，但是显得生硬、索然无味，难以吸引学生的注意力，引发思考。因此，在高三复习课“函数与方程思想”教学中，我利用“电话号码中的吉利数字”导入情境，仅用了两分钟时间，便激发了学生的激情，形成了积极思考、踊跃发言的学习气氛，使学生轻松愉快地领会和理解了这种数学思想方法和策略，自然、通俗地讲述了一个“转换角度，柳暗花明”的浅显道理——重要的“函数与方程思想”。难点迎刃而解，重点得到落实。

又如，在学习古典概型时，学生对于计数容易计错。在课堂中，我会让同学们“快数天天”。“现在我们来计算一个简单数据：今天是星期二，那么从今天开始数到下周二，共有几天?”大家都会大声快速抢答：“7 天!”我微微一笑：“是 7 天吗？伸开你的手指头算一下，到底是几天?”顷刻，“哇!”大家哄堂大笑，“是 8 天!”这时，我便语重心长地说：“细节要格外注意了！简单计数也要仔细、注意方法呀!”“下一次不要犯类似的低级错误了!”大家在轻松愉快的气氛中，领悟了计数的列举对应方法和细节决定成败的道理。

通过多年的实践和积累，我整理了《电话号码》《买房优惠》《买桃还价》《快数天天》《考个有理数》《田忌赛马》《一个数学家敌十个师》《招待不周》《90 度的坡》《提高一秒》《石板桥》《扬眉吐气》等四十多个短小的幽默故事，在课堂上适当的时间客串，效果极佳。

警句诗作　辅助教学

数学逻辑严谨、缜密抽象，诗画韵律简洁、直观生动，把诗画与数学结合起来，能启发思维，活跃气氛。

(1) 数学警句。

在教学中，为了使学生落实基础知识、基本技能、基本思想、基本活动经验，培养学生从数学角度发现和提出问题的能力、分析和解决问题的能力，我把数学中重要和易错的知识与方法，归纳成数学警句。

在学习二次函数中的参数问题时，一句“二次很重要，讨论少不了”，使学生轻松理解并记住了解决这类问题的方法。

在学习数列时，对于求数列的通项和求前 n 项和的运算，学生理解运算方法，但结果容易算错，可学生一般情况下都不会检验，待老师批改后才知道是错的。如果学生自己养成检验的习惯，用特值 $n=1$ 检验结果，就能很容易地检查出是否有误，从而保证得分。我编了一句数学警句：“顺手检验到，省力又讨好。”这样学生容易接受老师提醒的检验方法，并牢记在心。在计算直线、圆的方程时，最后用代点顺手检验效果也很好。

有的学生书写不严谨、不规范，如计算结果漏了单位，或一个式子的角度使用度数和弧度两种单位混写，或运算最后结果不化简等，因为这些小错失分很可惜，特别是填空题可能失去整个小题的分，对此，我提醒学生：“千万记好，小错不小！”

我将归纳的数学警句在教学过程中贯彻落实，学生轻松理解，印象深刻。在高考前，我会把平时给同学们贯穿的数学警句归纳在一起，让学生记忆，并要求学生做到由数学警句联想到适用哪种题型。

以下是我归纳的部分数学警句：

越并越大，越交越小；减少一个，须加一条。

扣准定义，节省力气；抓住对称，过程节省。

通项入手，万事无忧；轨迹方程，注意讨论。

数形结合，珠联璧合；函数方程，柳暗花明。

特例用好，方法巧妙；换元法好，范围莫小。

通用横式，慎用竖式；端点虽小，分数不少。

熟记结论，笔下有神；千万记好，小错不小。

顺手检验到，省力又讨好；定义域优先，严谨又简便。

分类三分法，等号不能落；两步一结论，步骤需分明。

几何意义巧，直观又奇妙；二次很重要，讨论少不了。

线性规划好，不时可用到；细节定成败，易错请记牢。

（2）励志警句。

我常赋朗朗上口、节奏铿锵的励志警句，启迪学生的心灵。一句“莫道君行早，更有早行人”，告诉学生高三在炎炎夏日下提前开学的重要性。再一句“备考早入手，六科齐并进”，提醒补课六科都开课的必要性。“奠基求发展，炎夏也清新”，让学生马上联想到老师是为了学生的未来着想，顷刻感受到夏日里一股凉风。“胸怀大志学为先，步步为营勤修炼。百尺竿头进一步，华山论剑在明天！”用简洁的诗句阐述深刻哲理，驱散学生们考前的焦虑。“只要平时准备好，不愁高考考不好；我难人难不用急，我易人易需仔细。”“不急不躁胜一筹，临阵磨枪更顺意。”“每天只需增一分，高校大门随你进。”句句警句，在高考前的紧张时刻，像春风夜雨，安抚了学生的心灵；如冲锋号声，激励学生勇敢直面高考，从容应考。

（3）诗作。

感悟韵律方寸间，教育分享赋诗篇。弘扬人性真善美，传播先进教育观。我善于把教育活动中的精彩瞬间，用照片记录下来，并结合自己的感悟即兴赋诗，即时与大家分享。

例如，2016 年 1 月，我主持的工作室成员抵珠海进行教育交流活动，参观了崔雅儒名教师工作室，我即兴赋诗《名师引领——访崔雅儒名教师工作室》：“师大附中前景宽，名师儒雅领风范。教育科研特色鲜，人才辈出自摇篮。”此情此景此诗，把此次教育分享活动推向高潮。

又如，2015 年 12 月，工作室成员到广州市第八十四中学进行教育交流和课例探讨。该校校长湛志超精心安排，并全程参与。为了感谢湛校长的参与和支持，我即兴赋诗《长洲赞歌——走近市八十四中》：“教风严正精和善，求真图强众称赞。团结奋进举壮志，长洲教育敢超前。”诗中“严正、精善、求真、图强”是该校的校训，“赞”与“湛”谐音，“志”“超”是湛校长的名字。另一首《科研续篇》点评了本次课例探讨活动：“长洲绿岛兴科研，优秀课例呈眼前。有志者来畅分享，作业分层续章篇。”湛校长在会上发言中，肯定了这两首诗作体现出的教育情怀。

就这样，即兴赋诗点评、将现场照片配诗发微信和微博、给活动报道增加诗歌、事后编印成册，逐渐成为每次教育活动的必备程序。

我已经把近期教育活动的四百多篇诗作整理结集，作为工作室资料之一《钟情教育　诗画人生——贾国富教育诗画集》，其内容包括“有志者来”“教育分享”“南粤教缘”“神州游记”“与你同行”“流金岁月”等部分。

2 润物无声　关注讲台

真心投入　大胆放手①

班主任工作的最高境界，是走入学生的心灵，真诚爱护和关心他们的成长，宽严相济，成为他们的朋友；使他们学会自我约束，然后逐渐放手，让他们主动成长。

（1）真心投入，情感相通。

作为班主任工作的一部分，情感教育尤占重要地位。在学校，班主任和学生接触最多。孔子说：亲其师，信其道，乐其道。要使学生“亲其师”，班主任必须把情感投入到每一个学生身上。

学生天真、活泼、无邪，但心理承受能力弱，需要爱的呵护。

① 此文曾于2016年8月公开发表于《求知导刊》，有删改。

所以教师要经常用爱心去引导他们，培养师生的感情，制造“师生共鸣”的心理场，从而激发学生情感，促使学生健康成长。

你班上的每个学生，会不会一见到你就大声叫“老师”，不管是在校内还是在校外，不论是“狭路相逢”还是在“大庭广众”之下？如果会，说明你与学生十分亲近。否则，可能学生对你是敬而生畏。如果学生将你看成可信赖的人，他会将心里话都告诉你，把你当成十分亲近的长辈。

班主任工作是细致的，而最根本的是要有爱心。师爱，是教书育人的基础；师爱，是教师性格的组成部分；师爱，是学生个性发展的一股动力；师爱，是开启学生心扉的闪光钥匙；师爱，是点燃学生智慧火花的打火石；师爱，是把“顽童”感化的源泉。的确，只要班主任充满爱心，就必定能当好学生健康成长的引路人。

关爱学生是我们教师职业道德的核心，是班主任工作的基本出发点。只有对学生怀有真挚的爱，才能全身心地投入到工作中去；只有关爱学生才能得到师生之间的心灵沟通，从而在师生之间架起一座信任的桥梁。学生把教师当作可以信赖的朋友，这样教师的教育就容易被接受。关爱学生最忌偏爱，偏爱不仅有损教师的形象，不利于学生的团结和学习，而且不符合师德规范。作为班主任应关爱班上的每一位学生，并处处表现对他们的爱护和关心。理解学生要深入学生，从关心学生入手。这就要求班主任做到了解班上每位同学的家庭情况，了解学生的学习情况和心理状况。对学生的关心，他们会以努力学习来回报，真心投入，就一定会有相应的回馈！

（2）感化教育，宽容孩子。

苏联教育家苏霍姆林斯基说过：“有时宽容引起的道德震撼比惩罚更强烈。”宽容绝不是不讲原则的包庇和迁就，也不是姑息、放纵，而是教师用心灵去感化、教育学生的一种有效方式，是相互尊重、相互信任的新型师生关系的表现。高中学生虽然年龄大的也有十七八岁，但他们毕竟还是学生，正处在接受教育阶段，没有必要也不可能用成人的标准来要求他们。对学生要多一次耐心说服教育，少一次简单训斥。现在的学生多是独生子女，容易被感化，更容易造成情绪对立。所以教师应多一点宽容，少一些苛刻计较。正因为他们还不成熟，所以才需要学校教育。在你循循善诱、百教不厌之下，他有可能成为下一个“诺贝尔”“华罗庚”。多一些亲近关怀，放下一点架子，尊重学生，学生会更尊重你。少一些指责、约束，给他们多一点“自由空间”，使他们多一点自尊、多一点自信。以强制粗暴的方法使学生服从命令，只能把学生变成被驯服的羔羊，或者使他们带着不满从紧张、回避走向对立、欺骗，破罐子破摔。只有在民主、平等、自由、宽松的环境里，学生才能感受到尊重和爱，从“客体”变为“主体”，主动发展；才能勇于质疑，发表自己的见解；才会变得生动活泼，放飞想象力，大胆创新，成为个性鲜明的具有创造精神和创造能力的人才。

有一年，我任班主任的高二班上有一个姓尚的男生，性格倔强、暴躁，多次与同学打架，屡教不改，学校已给过警告、记大过、劝其退学等处分，这次他又犯错，学校拟定给勒令退学处分。他父母对他也是无可奈何。他的父亲苦苦地哀求我：“请老师帮忙找学校领导求情，再给孩子最后一次机会！”对于这个学生我也几乎丧失信心，但是我考虑到，如果学校将他推出校门，那他可能很快误入歧途；如果教育得法，则可以成为有用的人才。我便对他父母说：“你们的心情我可以理解，但关键是学生自己要诚心认错，并下决心彻底改错。”在家长的配合下，学生作了书面与口头检讨，态度还算诚恳。我因势利导，对这个学生说：“国有国法，校有校规。你屡教不改，本应勒令退学，但考虑到你父母一片苦心，你也诚心改错，我答应去向领导说情。这次打架是那个体育生找到你们寝室且先动手的，主要责任不在你。如果学校领导再给你一次机会，万望珍惜！”在老师、家长和同学们的帮助下，该生幡然醒悟、痛改前非，毕业前没有再犯错误，学习也变得十分努力，学校撤销了对他的处分，最后他以优秀的成绩被重点大学录取。

进行思想教育要以理服人，班主任要循循善诱，摆事实、讲道

理，引导学生分清是非，明确方向，提高思想认识。学生的思想问题大都属于认识问题，对学生教育应采取“团结—批评—团结”的方法。对学生无论是激励，还是批评，都应使他们明白道理。这并不是对学生的错误言行放纵、容忍，而是剖析说理，使学生心服口服。如果班主任不采用说理方法，而是采用体罚、变相体罚、大声训斥的做法，其结果就会适得其反。因此，要引导学生袒露思想，武装头脑，接受正确的思想观念。思想教育的具体形式，有课堂讲授、专题讲座、讨论会、个别谈话和写评论文章等。学生毕竟是孩子，不管采用哪种形式，教师都需要多一点耐心，多一点宽容之心，动之以情、晓之以理、导之以行。

（3）培养自治，大胆放手。

苏联教育家苏霍姆林斯基曾经说过，“真正的教育是自我教育”，并认为自我教育是学生能否真正接受教育的关键因素。由此可见，培养学生的自治能力，让他们学会自我管理和自我教育，可以起到事半功倍的教学效果。学生主体意识越强，他们参与自身发展和班级管理的积极性、自觉性就越大，班主任工作的难度和强度就越小，班级的秩序就越好。

我现在的班级班干部采用两班人马，轮替值班一个月。这样既可以让更多的同学参与管理，得到锻炼，又能使他们互相交流，互相激励，促进班级管理自主化，调动全体学生参与的积极性，可以培养一批思想端正、工作负责、学习优良、有一定管理能力的骨干学生。同时，让每一个学生都意识到自己是班集体的主人，也是自己的主人。培养和提高他们自我管理、自我教育的能力，从而提高他们的综合素质。

培养学生的主体意识，提高学生自我管理的能力，并不意味着班主任可以放任自流，撒手不管，而是要求班主任充当幕后指挥者，做顾问。例如，在期末评优时，我放手让学生干部按要求组织评选，但我要求把结果给我过目后再公布、填表。其中，有一个同学学习成绩在年级前列，票数也较多，拟定为三好学生。但这位同学早上到校经常迟到，经过多次谈话还是有迟到现象。我看过名单后，就给班干部建议，将这位同学从“三好学生”换成“学习成绩优秀学生”，班干部也欣然接受了我的建议。

班主任可以不在前台，但一定要在幕后，并做好充分、细致的思想工作，及时策划，引导学生开展工作，让他们完成自我管理班级的过程。逐渐放手吧，他们终究要成长，你大可从“台上”转向“幕后”，大胆放手，何乐而不为?

真情关爱　严谨治学

日复一日站讲台，年年届届不尽同。
送走成千学子去，又迎新生满堂红。

教师只要倾注热情，真情关爱，学生自会尊你为“恩师”，对你衷心祝福，永不忘怀，你会感到你是天下最幸福的人。你严谨治学，学生学有所成，你的学识和业务能力也不断提高，也许还有三两篇学术论文公开发表，得到社会承认，你会有满满的成就感和成功的喜悦。

(1）教书育人，真情关爱。

我们的教学对象是活生生的人，而不是没有感情的物。随着时光的迁移，教学内容有一定的改变，教育对象一届一届地循环，学生思想状况不尽相同，高考内容和热点问题在斗转星移。所以教学工作并不是一项简单、枯燥、机械、重复的劳动，而是具有创造性的高级脑力劳动。潜心教学，自然乐在其中。

教育家陶行知有句名言：“千教万教，教人求真；千学万学，学做真人。”教书育人是教师神圣的职责。让学生能考高分，上好的大学，这是教师工作的一个方面；另一方面，教师的言行为人，对学生的思想品行产生直接或间接的影响，这就是育人。作为一名教师，不一定是某些学生成才过程中最重要的严师，但也许会因为某一次

挖苦或武断地停了他的一节课而刺伤了他的自尊心，导致他破罐子破摔。由此看来，育人并不仅仅是政教处和班主任的事，也是每个任课教师的责任。学高为师，德高为范。老师，在学生眼中不仅应是一个学识渊博、教学严谨的高师、严师，更应是一个可信、可敬、可亲的长辈。这样，学生会更认真、更主动、更投入地学习老师所教的课程。反之，讲得再好，也只是一头热、独角戏。高中学生毕竟还是学生，虽然年龄大的也有十八九岁，但没有进入社会，各方面都有欠成熟。

对学生的要求应严而有度，没有必要也不可能用成人的标准要求他们。要像对待自己的子女一样真情关爱学生。多一点亲近关心，放下一点架子，多一点温暖，少一点冷漠。尊重学生，学生会更尊敬你，你在学生中的形象会更加高大。复读生年龄大些，更要晓之以理，动之以情，关爱感化。

我在带 1999 届学生时，有一次，因少数学生迟到，我在全班发了一通脾气，过后我又担心造成部分学生与老师情绪对立。第二天，课前我向全班同学表示了歉意，说明不应该因少数同学的缺点而发全班同学的脾气，影响上课。事后，一个同学在作业本里夹了张纸条写道："贾老师，您因为一点小事还向同学们道歉，大家都很感动，敬重您严于律己、心胸宽广。我们以后一定会自觉遵守纪律的。"

（2）严谨治学，重在落实。

以高考备考为例，应注意以下方面：

①目的明确，各有侧重。

明确高考备考中各个阶段的主要任务，突出重点。

在第一阶段系统复习时，应以课本、主复习资料为根本，以教学大纲、考试说明为指导，侧重对基本概念、基本知识和方法的理解和落实，宜慢、细、全，挖掘到位，并注意规范严谨，辅之以单元小结和单元训练，不宜进行频繁的综合套题训练。阶段考试，以检测前期复习过的内容为主。

在第二阶段专题复习时，侧重于对高考知识重点、热点和数学思想方法进行讲解，以中档或中档以上的综合题为主，并注意专题性归纳和总结，配之以综合训练，训练以前一年的高考模拟题为主。

在第三阶段模拟训练时，以新的信息题为主，针对性训练不仅要注意题型、时限、热点训练，更要重视学生考试心理适应性训练。对信息题要进行研究、精选。

②重视过程，淡化结果。

步步为营，环环相扣。平时教学一步一个脚印，抓好每个教学环节，重评讲，重通性通法。淡化窄用技巧，少搞独门绝招。

驾驭教材，紧而有序。没明确要求做的题，不抛给学生；不打算评讲的内容，不让学生做；认为好的内容，一定给学生补上；认定不好的题目，必事先删掉。

重在平时，忙而不乱。不占用学生课外时间，也绝不拖欠学生一节正课。每偶遇开会或因公外出，我都要预先安排好，一般情况下是先调课事后一一补上。不会让学生在无人指导的情况下自习一节课。偶然遇事迟到几分钟，必向学生解释，表示歉意。

精讲精练，提高素质。仅过省线已没有什么实际意义。以前那种使基础较差的学生过省线，而功底硬的学生也考不上名校的“多讲多练”“题海战术”，已不适应新形势下“出活题、考能力”“有利于选拔人才”的高考导向。

③相互学习，共同提高。

加强校际交流，同行多切磋。这既是相互学习的机会，也是加大学校对外影响的一个方面。

新老协作，集体优化。年轻教师精力充沛，反应敏捷，是学校的明天。年轻教师要主动、虚心地向老教师学习，及时掌握教学常规，并尽快形成一定的特色，成为教学骨干。老教师教学备考经验老到，是学校的财富。老教师要直接或间接地多教年轻老师几招，并创造机会让他们崭露头角。同时，老教师也应不断充电，完善自我，更新知识、观念。新老教师相互学习，形成风气，以老带新，

以新促老，通力协作，集体优化，才能进一步提高师资整体水平。

④恰当标高，注意拔尖。

高考过后，对备考问题有必要进行反思。关于教学标高问题，我认为，兼顾了 100%，等于让 20% 的较优学生睡大觉。学生多，首尾兼顾，很难把握，到头来可能造成首尾不顾的结局。备课、选题以 80% 左右的学生为准就可以了。对于少数拔尖学生，有必要进行个别学法、心理指导，不妨给他们加点学习任务。

不求所有，但求所优。时代呼唤拔尖人才，奥赛多几个获奖者，高考多几个考 600 分以上者，多几个人考入重点高校，已成大势所趋。只要全校上下精诚团结，协同作战，转变备考观念，真情关爱，严谨治学，大批优秀人才一定会脱颖而出。

立德树人　为人师表

2014 年 9 月，我应邀作客广东电视台现代教育频道，接受《教育热点面对面》栏目第 24 期“广州好教育进行时”节目访谈，与时任广州市教育局党委书记、局长屈哨兵和广东省首批南粤优秀校长、广东省中小学校长联合会会长吴颖民等领导专家共话教育，探讨了好教育、好教师应具备的素质。

教师的专业包括两个方面：一个是学科专业，一个是教育专业。学科知识方面强调的，是任教学科的学术水平。教育专业指的是教育学科的专业素养，这是教师教育中师范性的体现，也可以说是教师工作的特殊性，是该职业对从业人员不同于其他职业的特殊要求。

教师这一职业角色、职能的转化由传统的“传道、授业、解惑”转为教育活动的组织者、设计者、合作者。教师若想获得持续发展，适应教育变革及其新要求，仅仅做一名“学习者”是很不够的，更需要教师有能力对自己的教育行动加以反思、研究、改进，也就是要树立“教师即研究者”的专业发展理念。

对于自身的专业发展，我有以下几点不成熟的想法：

（1）进一步培养专业精神和教育信念，增强个人发展内驱力。

教育是一种以人格来培育人格、以灵魂来塑造灵魂的劳动。而高尚的师德来自坚定的教育信念，这种信念是教师的精神追求和奋斗目标，是教师提升素质的关键所在。教育信念的集中表现是教师对教育工作的高度责任感和强烈的事业心，它具有专一性、稳定性、执着性等特点。教育信念一经确定就难以改变，从而造就教师特有的道德人格。一个教师只有当他认识到自己从事的事业对祖国和人民是一种不可推卸的责任时，他才会不遗余力地去干好它，才会在教育工作中干出一番事业。

对学生负责意味着对学生终身负责，教学生几年，却要对其往后几十年的发展负责。要精心打造学生在未来社会生活和竞争中立于不败之地的核心素养：民族精神、社会责任感、科学与人文素养、创新精神与实践能力等。那种只注重学生眼前成绩和考试名次的态度和行为是不负责任的。教师专业发展是一个过程，是教师朝着一定的专业目标，不断追求和成长的过程。它不仅包括专业知识、专业技能的发展，更重要的是专业态度、专业信念、专业情感的不断更新和完善。教师专业发展的关键就像学生的学习一样，是自主发展，要有成为名师、成为教育家的理想。

（2）养成反思习惯，在反思中不断成长。

不断反思自己的教学行为、教学方法和教育思想。具体一点，每一节课后，我们要反思对教材内容的把握是否准确，有没有更好地促进学生课堂参与的设计；反思教学方法是否适合该层次学生，教育成效是否实现；针对学习困难的学生提出的问题，我们要反思其思维的障碍在哪里，如何帮助他们冲破这些障碍；听课、教研之后，我们要通过研究别人的教学长处，学习比较，反思理念上的差距和解析方法上的差异，从而提升自己；反思自己的意志和工作热情有没有褪色、老化，有没有对学生、同事和社会起到表率与引领作用，是否跟上了时代的潮流。就目前来说，我正在努力这样做。从教四十年，我一直坚守在教育教学工作的第一线，并满负荷工作，

每个学期带两个班的数学课，同时兼班主任或年级长，或教师工作室主持人。我在湖北任教时，已经获得国家级骨干教师、特级教师、省级优秀教师等荣誉。融入广州教育后，我也一直没有闲着。十几年如一日，一路陪伴着八十六中蒸蒸日上，始终坚持在教育教改实践工作的第一线，为教育教学研究获得直接的感性材料。

（3）坚守教育工作第一线，用自己的人格魅力，影响周围的人。

对于教育工作者而言，坚守基础教育的使命和责任不仅是口号，更是神圣而迫切的实际行动。没错，“教师是太阳底下最光辉的职业”。选择了教师就意味着选择了奉献和责任。我们要造就千千万万适应时代需要的人才，其根本保证在于建设一支德才兼备、忠诚于人民教育事业的教师队伍。

我眼中优秀教师的标准是：为人师表，敬业爱生；与时俱进，理念更新；善于合作，惠及同仁；追求卓越，学习终身。

主持特级教师工作室后，我致力于引领工作室成员共同发展，构建一线教师成长的平台。坚持到身边一线教师的工作室去参观学习，加强自己工作室的建设，构建中青年教师成长的平台。与他们一起，提升教育理论水平，进行教育课题研究和教学案例探讨等。期望在我的身边，涌现一批热爱教育、乐于奉献、扎根一线、理论与实践密切结合的优秀教育同仁。

因势多疏导　巧用双刃剑

有统计表明，90%以上的网民是年轻人，而其中的主体又是青少年学生。互联网的普及使青少年学生成为“网上的一代”。网络是一把双刃剑，在降福于青少年学生的同时，也在危害着他们的身心健康。网上一些不健康的暴力和色情内容时刻诱惑着涉世不深的青少年学生，侵蚀着他们纯洁的心灵。

学生利用网络聊天、玩游戏、观看不健康内容的时间，要远远多于在网上学习的时间。由于网络数字化、虚拟化的特点，学生在网络交际中所表现出的是虚拟世界中的虚拟人格，容易忘记现实社会的责任与道德要求，造成与规范内容的冲突和脱节，并引发大量的道德失范、行为失规现象；网上良莠混杂的信息，也增加了中小学生辨别是非真伪的难度，影响青少年健康心理和人格的形成与发展。

在网络时代，学校、教室和书本不再是学生获取知识的唯一渠道。学生的知识面变得宽广，对班主任的权威认同感也越来越低，信息渠道的多元化带来学生的个性张扬。网络的普及迫切需要我们尤其是班主任对学校德育工作进行新的思考，网络时代的班主任工作面临着新的挑战。

（1）转变观念，加强上网指导与教育。

网络是一把双刃剑，不是洪水猛兽！首先应该转变班主任的教育观念。班主任要摈弃原来对网络的抵制态度，实施变“堵塞”为“疏导”的策略，将网络教育纳入班主任德育工作的一部分。适应网络时代新特点，班主任具备网上作战素质是刻不容缓的。当前的紧迫任务是，班主任必须接受网络学习与教育，成为网络世界的行家里手。网络时代的挑战要求班主任不仅要了解学生的心理特征，更应通晓网络知识与技术操作；不仅要成为学生心灵的守望者，更要成为网络时尚的引领者。

面对信息社会中学生的行为规范、心智发展、人格教育等新问题，我们的传统德育受到了前所未有的挑战与冲击。如何抢占信息社会教育的制高点，正确引导学生接触网络，提高他们上网的自我控制能力、是非辨别能力和信息选择能力，在网络上建立起青少年健康人格的“长城”，成为新时期学校德育工作改进和创新的主题。

作为传统教育的补充，可以从如下几个方面着手：

①学校开设一些上网指导课，让学生懂得在互联网这个“花花世界”中到底能做些什么，如何挖掘宝藏，如何与自己的学习相结合等。

②以互联网为工具，进行研究性学习的指导。让网络教学与研

究性学习相结合，使学生有目的地去网上搜寻信息，这不仅能培养学生的信息素养，也能使学生在网上有事可做，而不是一味地玩。可以采用班主任提出学习目标、学生自主学习的方式，引导学生通过网络技术去独立获取信息、处理信息、探索研究、解决问题。

③精心设计各项网上活动，为学生提供发挥潜能、展示特长、健康学习的网络大舞台。建立班级网站，并让精通此道的学生自己管理网站，设计网页，组织素材，确定专题。开展“安全健康上网，自觉远离网吧”主题班会活动、“青少年网络文明”行动等，对学生进行网络道德教育。我在 2003 年与班上同学们建起“我爱五班”班级网站，收到了良好的效果。原来沉迷电脑游戏和网上聊天的几个同学，都很积极地参与班级网站的建设，学习也用功了，班级活动也能积极参与，并乐意展示身手。

（2）学科整合，相互渗透。

传统的课堂教育依然是开展学校德育、健全学生心智的主渠道。为增加实效性，可以开设“网络德育”校本课程，同时将网络环境下学生健全心智培养的具体要求和各学科的要求进行整合，在教学中有机地渗透德育教育。

自律道德不是靠关闭网站、不准学生上网这种消极而愚蠢的他律策略促成的。在网络道德建设过程中，班主任不应也不可能将自己的意志强加于学生的头上，而应积极地引导并充分发挥学生的道德主体作用。班主任的网络德育必须改变传统的强制、片面、灌输的教育方式，遵循理解、尊重和信任的原则探索德育的新方法，把正面疏导作为网络道德教育的主要方式，启发他们的道德思维，使之自主建构正确的道德理念，培养和形成良好的道德行为。

加强学科网络的整合，在课堂中利用网络课件和互动资源，提高学生的学习兴趣，陶冶网上情操。我在数学教学中，有意识地进行网络连接，并让学生参与几何画板的演示，效果比较理想。

班主任虽然是学生德育的主要责任人，但仅靠班主任自身力量是远远不够的，家庭、社会等各方面都应承担起相应的责任。班主任应积极争取家长和周边社区的配合，以形成协调一致的教育网络。我建议家长在学生上网时，不要紧闭其房门，以便随时检查子女上网学习情况。

网络德育的关键在于班主任。只要班主任确立大局意识、责任意识和创新意识，网络上的德育是完全可以有所作为的。面对光怪陆离的网络世界，把提高青少年学生的道德成熟度作为网络德育最迫切的目标，着力培养和形成学生正确的道德价值观、道德评判力以及道德自制力，使学生充分受益于网络，达致行为规范、心智健全。

一声手机铃响　三声“对不起”①

2001 年 10 月，我有幸在陕西师范大学参加第三期中小学骨干教师国家级培训。在这座历史文化古城，我们不仅学到了当时世界最先进的教育思想、理论、方法和技术，也深深受到师大领导和老师高尚情操与人格魅力的感染。

一天，师大罗增儒教授正在给我们数学班的学员讲授“课例分析”，忽然他的手机响了，罗教授迅速关了手机，并连续说了三声“对不起”。看起来很小的这件事在学员们之间引起了很大的反响，大家为罗教授严于律己、文明施教的高尚师德所震撼。

从此带手机的学员们每次上课前都要检查是否将手机关掉了，以后的每一节课再也听不到此起彼伏的手机铃声。

另一天，教育实践课，师大的老师带领我们班的 37 名学员到西安市的一所中学听一节观摩课，中学校长热情地接待了我们。课后校长又安排一名副校长给我们介绍学校的教学和教育管理情况。当时，这位副校长因为工作太忙，所以在讲话时就将手机放在桌面上，

① 此文曾于 2016 年 1 月公开发表于《知音励志》，原题为“从一声手机铃响和三声‘对不起’说起”，有删改。

讲话过程中在座位上当众接了一次电话。这在以前看起来是比较正常的一件事，但与罗增儒教授的一声手机铃响和三声“对不起”的文明举止相比，也确实算不得体面的动作，在以后的一次班会上，他被列为不受欢迎的校长之一。

随培训班到南京、上海等地教育考察回来之后，应师大数学与信息科学技术学院之邀，我为四年级的未来同行们作了一场题为“做一个深受欢迎的数学教师”的讲座。我谈了如何紧跟时代节拍，怎样做一个学生、家长、领导、同事都欢迎的教师，怎样为人师表，注意小节，维护教师的形象，并列举了二十种不受学生欢迎的教师。这在学员和师大学生中引起了极大的反响和共鸣，会场里未来同行们的阵阵爽朗笑声和掌声，使我感到十分踏实和由衷的高兴。

二十种不受学生欢迎的教师：

不学无术、语无伦次、喋喋不休、有气无力、自导自演、满堂灌装、目中无人、文过饰非、小题大做、酒后开讲、姗姗来迟、不修边幅、易发脾气、烟雾缭绕、铃声大作、挖苦讽刺、歧视差生、出口成“脏”、撮吃撮喝、摆教家长。

教师不仅是学生增长知识和思想进步的导师，又是社会主义精神文明的传播者、创造者和实践者，言传身教不可轻。

时代赋予我们教师的使命，任重道远。人民的教育事业，需要高素质的教师，需要能跟上时代步伐的教师。教育是塑造人的灵魂的伟大事业，是“心灵与心灵的沟通，灵魂与灵魂的交融，人格与人格的对话”。人民教师要立德树人，培养学生积极的心理品质和乐观向上的品格，使之学会创造幸福，分享快乐；关注学生的内心世界，塑造学生纯真美好的心灵；高度重视对学生的人文关怀，营造良好的师生关系、同学关系，为培育学生的健全人格提供良好氛围。

3 教学慎思 感悟讲台

数学课堂教学的语言艺术[①]

教育是艺术，艺术的追求是无止境的。课堂教学是学校教育的主要阵地，语言是教学过程中师生相互交流的工具，是教师使用最基本、最广泛的信息载体。数学课堂教学过程就是数学知识的传递和反馈过程。在整个课堂教学过程中，数学知识的传递、学生接受知识情况的反馈、师生间的情感交互等，都需依靠数学语言作为媒介。教师的语言表达方式和质量直接影响着学生对知识的接受和语言的发展。所以我们说课堂的语言艺术是课堂教学艺术的核心，是教师教学的基本功之一。下面我谈谈自己肤浅的看法。

(1) 恰当导入情境，引人入胜。

建构主义认为，学习是学习者内在的思维活动与外部学习环境共同作用的结果。从而，教师的主要职责就不应是如何控制学生的学习活动，而应是通过创立良好的学习环境去促进学生的学习。

课例：高三复习课“函数与方程思想（1）”的引入

教师：今天上课之前，我先讲一段故事。那是1998年，学校教职工统一安装电话，一位职工的电话号码被安排为2815014。当时他很不悦，他说“5014”的谐音是“我轮要事”或“我冻（动）要死”，所以准备花200元钱换一个号码，图个好口彩。那天电信局的师傅到他家安装电话时，他说待更换号码后再装。电信局的师傅问清缘由后，灵机一动，只说了一句话，便使这位职工欣然用原来的

---

① 此文曾发表于《吉林教育》2012年第9期，有删改。

号码安装了电话。大家想一想，这位师傅说了一句什么话？

（同学们开始全神贯注地听讲，而后聚精会神地思考，紧接着是窃窃私语，气氛异常活跃）

学生1：那位师傅让他不要迷信。

教师：回答基本正确。但是，这一句话恐怕解决不了这位职工的思想问题。大家注意到没有，问题的关键是什么？

学生2：问题的关键是数字“4”。

教师：对！换一个角度“4”的谐音读什么？

学生抢答：音乐简谱“4”读“发”！

教师：答得好！思维敏捷。那么，“5014”就成了——“我轮要发”或“我动要发”，大吉大利，还节省人民币200元。看来，有时“山重水复疑无路”，如果换一个角度就会“柳暗花明又一村”。

教师：请大家看这道由不等式求范围的问题。（使用投影仪出示课例）

【例1. 对于满足 $0 \leqslant p \leqslant 4$ 的任意实数 p，不等式

$x^2+px>4x+p-3$ 恒成立，试求 x 的取值范围。】

分析：设 $f(x)=x^2+(p-1)x+3-p$，则抛物线的顶点、对称轴都不定，要求 x 的范围无从下手。大家还有什么办法？

学生抢答：转换角度，将 p 看成自变量！

教师：好！如果换一个角度，将 p 看成自变量，能否解决问题？哪个同学到上面来做一下？

学生3：【解：设 $\varphi(p)=(x-1)p+(x^2-4x+3)$，那么问题就变成 $\varphi(p)$ 在 $p\in[0,4]$ 区间上恒大于零的问题。从而，

$$\begin{cases}\varphi(0)>0\\ \varphi(4)>0\end{cases}\Leftrightarrow\begin{cases}(x-1)\cdot 0+(x^2-4x+3)>0\\ (x-1)\cdot 4+(x^2-4x+3)>0\end{cases}\Leftrightarrow x<-1 \text{ 或 } x>3$$

故实数 x 的取值范围为 $(-\infty,-1)\cup(3,+\infty)$。】

教师：做得很好！大家可以看到，原来“山重水复”不好入手的问题，我们转换了一下角度，将 x 暂看为常数而把参数 p 当作自变量，得到了函数 $\varphi(p)$，从而“柳暗花明”。

对于数学思想和方法的引入，如果采用“开门见山”的方式，的确可以节省时间，但是显得生硬、索然无味，难以吸引学生的注意力，引发思维激情。而创设以上情境导入，仅用了两分钟时间，激发了学生思维激情，形成了积极思维、踊跃发言的学习气氛，自然、通俗地讲述了一个“转换角度，柳暗花明”的浅显道理——重要的“函数与方程思想”。

（2）语言准确规范，简洁严谨。

数学教师对常规语言的叙述要准确，不应使句子产生歧义，让学生误解。为此，教师要做到如下两条：一是以“书”为本，对概念的实质和术语的含义自己必须有个透彻的理解，比如“组合”与“组合数”、“公垂线”与“公垂线长”、“实轴”与“实轴长”等概念，如果混为一谈，就违背了同一律；又如有的教师讲“圆锥的体积等于圆柱体积的三分之一”，就忽略了“同底等高”的条件；有的教师指导学生画图时说“这两条平行线画得不够平行”等，就违背了矛盾律；而“在复平面内 y 轴上的数是纯虚数”“所有的偶数都是合数”等的语言错误就在于以偏概全，缺少准确性。二是必须用科学的术语来授课，不能用生造的土话和方言来表达概念、法则、性质等，比如，不能把“垂线”说成“垂直向下的线”，不能把“最简分数”说成“最简单的分数”等。除了具有准确性之外，还应有规范化的要求，如吐词清晰，语意分明，坚持用普通话教学等。简洁，就是教学语言要干净利索，重要语句不冗长，要抓住重点，简洁概括，有的放矢；要根据不同学生的年龄特点，使用他们容易接受和理解的话语；要准确无误，不绕圈子，用最短的时间传递最大量的信息。有的教师“口头禅”太多，拖泥带水，浪费了课堂有限的时间，分散了学生的注意力，破坏了教学语言的连贯性和流畅性，同时也影响了学生表现自己的积极性。

（3）语言幽默风趣，激发兴趣。

“兴趣是最好的老师”，是非智力因素的组成部分之一，非智力因素具有启动、维持、调节教学活动的作用。教学语言既非书面用

语，又非口头用语，要通俗明白，使学生听得有滋有味，喜闻乐见。教师应该使抽象的概念具体化，深入浅出，使深奥的知识明朗化；用自己深厚的文化底蕴提升学生的数学素养；通过启发学生的数学想象，来达到培养学生数学能力的目的。要用形象化的语言去解释抽象的数学概念，一般地说，对人的感官富有刺激性的语言，最能引起学生的兴趣。我大学时期的一位教授在讲解“阶乘”的概念时说：“100 的阶乘，这个结果大得惊人哟，所以我们使用‘！’。”他的讲解，使我们对“数的阶乘”这个概念，从意义到算法都记忆深刻，终生不忘。

幽默是一种较高的语言境界，它富有情趣，意味深长，数学教师的语言幽默，其作用是多方面的。一是可以激活课堂气氛，调节学生情绪。学生心情舒畅地学习与惶恐畏惧地学习，其效果是大不相同的，教师要善于借助幽默的语言去创造有利于师生情感沟通的课堂气氛。一次，针对学生不注意分析已知条件，忽略隐含条件而导致解题思路错误的情况，结合当今中学生错别字较多的现象，我分析题意后说：“这位同学的思想走到‘牙路’上去了。”故意将“邪”读成“牙”，引起学生哄堂大笑，这既让学生认识到认真分析已知条件的重要性，又告诉了学生“重理轻文”的思想要不得。二是可以提高批评的效果，让课堂违纪的同学心悦诚服。教师在课堂上遇到某些特殊情况时，假如控制不住自己的情绪和理智，轻易对学生发火训斥，其弊端是众所周知的。如果用幽默的语言来处理，其作用和效果就会大不一样。三是可以开启学生的智慧，提高思维的质量。课堂教学的幽默，应和深刻的见解、新鲜的知识结伴而行，教给学生理智，学生会发出会心的微笑，获得美感享受。

值得一提的是，运用幽默语言时，应该注意将幽默与无聊的插科打诨和要贫嘴区别开来，不要为取笑而“幽默”，不能人为地穿插一些与教学无关的笑料，不可滥用幽默讽刺挖苦学生，因为不管幽默批评多么高明，都难免带有讽刺意味，如果有意或无意地贬损了学生的人格，挫伤了学生的自尊，那就会产生极大的负面效应了。

（4）以姿势表情助说话，此时无声胜有声。

教师的手势、眼神及其他面部表情等无声语言可辅助有声语言实现教学目的。作为一名教师，不能没有表情，善于运用表情的教师，其教学效果往往更佳。一名教师只有在他学会用面部、姿势和声音等各方面做出不同的表情时，才能成为一名真正的教师。我们常说“眼睛是心灵的窗口”，就是说眼睛可表达出各种各样的感情，如高兴、气愤、赞成、反对等。课堂上师生之间的学习交流常常靠眼睛来联系，例如用和蔼亲切的目光去捕捉学生的视线，让眼光洒遍教室的每个角落，使每个学生都感到老师在注意自己，这样无形中就起到了控制课堂的作用；又如用严肃和警告的目光去批评课堂中的违纪同学，同大声训斥相比，这种无声的批评学生更容易接受，且不会影响大部分同学的注意力。

教学语言虽然可以传递各种信息，但若没有手势，课堂教学就会像运转机械一样冷漠死板。在课堂教学中，手势使用得当，可以增强语言力度，强调要传授的知识，给课堂增添亮色和活力。教室毕竟与舞台不同，应强调自然和真实，无须刻意追求某种形式，不过应该遵循下面的原则：①不要过多地重复一个手势，以免学生感到乏味。②不要以手叉腰或笔直地扶在教台上装作老成持重，更不要搔耳挠腮，转移学生的视线。③不要把手势结束得太快，以免学生感觉突然。④要保持手势自然、适度，动作不要太夸张。

教师的课堂语言艺术多种多样，远非上述所能包罗，如还有课程结束语言艺术和渗透思想教育语言艺术等。教师的课堂语言艺术既体现了教师的教学能力，又和教学效果紧密相连。教师只有自如运用课堂语言艺术，建构良好的学习环境，才能引人入胜，吸引学生的兴趣，启迪学生的智慧和创造力。教师只有在教学实践中不断探索，不断总结，精心设计，不断完善自己的教学语言，才能达到教学语言的科学性和艺术性的辩证统一，实现“教书匠型”向“学者型”“专家型”教师的转型，担负起新世纪赋予我们的伟大历史使命。

数学课堂创设思维情境的技巧

建构主义认为，学习者的知识是在一定的情境下，通过意义建构而获得的。然而有的问题情境不能直接真实地在课堂上展现出来，因此，通过营造一种生动有趣的、具有吸引力的学习背景，创设一种与亲和的人际情境交融在一起的教学情境，可以激发学生学习的兴趣与动机，使学生在宽松、和谐、愉悦的氛围中，由对问题的自然想法开始探索，通过情境的浸润功能，生发探究热情。教学情境应当具有较大的促进学生学习进一步深入和拓展的空间。

学生的生活是学生学习情境的丰富源泉，结合学生熟悉的现实生活创设的教学情境是最能激起学生学习兴趣，引发学习动机的。我们可以根据学生的生活经验用模拟的方法，如模拟社会生活情景，将枯燥的知识通过学生熟悉的、生动活泼的生活场景来展现，使学习活动在与现实相类似的情境中进行，使学生获得数学学习的自信心和兴趣，体会数学与自然、社会、人类生活的联系，让学生在自主探索中建构有价值的数学知识，获得情感、能力、知识的全面发展。

在数学教学实践中，要使学生不断地产生学习意向，引起学生的认识需要，就要创设一种学习气氛，使学生急欲求知，主动思考；设置有关的问题和操作，利用学生旧有的知识经验和认知结构，以造成认知冲突。心理学的研究告诉我们：认知冲突是学生的已有知识和经验与新学知识之间的冲突式差别，这种冲突会引起学生的新奇和惊愕，并促使其产生关心和探索的行为。

课堂教学中有了学习气氛和认知冲突，即创设了思维情境，学生便有了展开思维的动因、时间和空间，从而有助于数学课堂教学质量的提高。

（1）新课引入中创设思维情境。

新课的引入是教学过程的一个重要环节，教师若不注意思维情境的创设，师生便不易进入“角色”，教师的导学过程和导学效应便不能得到充分体现，从而导致整堂课教学效果欠佳。新课引入中创设思维情境有以下几种方法：

第一，开门见山，突出主体，立即切入正题。我们谈话写文章习惯于“开门见山”，这样主体突出，论点鲜明。当一些新授的数学知识难以借助旧知识引入时，可开门见山地点出课题，立即唤起学生的学习兴趣。如讲“用单位圆中的线段表示三角函数值”一节时，可作如下开篇：“前面我们学习了三角函数的定义，每种三角函数的数值都是用两条线段的比值来定义的，这给我们在应用中带来诸多不便，如果变成一条线段，那么应用起来就会方便得多，这节课就来解决这个问题：用单位圆中的线段表示三角函数值。”这样引入课题，不仅明确了这堂课的主题，而且也说明了产生这堂课的背景。

第二，提出疑点，点燃学生的思维火花。“导学”的中心在于引导。引在堵塞处，导在疑难处，搞好引导，能有效地促进思维状态的转化。在新课引入时，根据教学内容，提出一些疑问，就会引发学生解疑的要求。如讲“余弦定理”时，可如下设置：我们都熟悉直角三角形的三条边满足勾股定理 $c^2=a^2+b^2$，那么非直角三角形的三边关系怎样呢？锐角三角形的三条边是否有 $c^2=a^2+b^2-x$ 的关系？钝角三角形中钝角的对边是否满足关系 $c^2=a^2+b^2+x$？假若有以上关系，那么 x 等于多少？教师从这个具有吸引力和启发性的“设疑”引入了对余弦定理的推证。学生带着这个疑团来学习新课，不仅能提高注意力，而且会对结论经久不忘。

第三，故事激趣，以与新课有关的数学知识或数学家的趣味故事创设思维情境。新课开始时讲一些与数学知识或数学家有关的小故事、设计相关小游戏或创设情境等，适当增加趣味成分，可以提高学生的学习兴趣，因而有利于提高学生的学习主动性。例如，在讲“数学归纳法”一节时，由于许多学生对于“一个与自然数有关的命题经过数学归纳法的步骤证明后是正确的”不太理解，在新课开始时可玩游戏“多米诺”骨牌。玩此游戏的原则主要有两条：第

一，排此骨牌的规则是前一块牌倒下，保证后一块牌一定倒下；第二，打倒第一块。讲完这两条规则后问学生："经过这两个步骤后，结果怎样?"学生很快回答："所有的骨牌都倒下了。"由此游戏引出数学归纳法的定义。

第四，借助计算机和多媒体教学手段，直观演示、探索、发现，调动学生的思维和学习兴趣。在认识结构中，直观形象具有的鲜明性和强烈性往往给抽象思维提供较多的感性认识经验。因此在新知识教学引入时，根据教学内容，重视直观演示、实验操作，就会使学生感兴趣，从而较好地为新知识的学习创设思维情境。如利用几何画板、PowerPoint 等软件动态地演示函数图象，形象直观的效果能调动学生的学习兴趣。引导学生探索、发现问题的过程中就蕴含着很好的思维情境。学生对尝试了探索、发现后的乐趣和成功的满足印象最深刻，学习信心倍增，从而能较快地、牢固地接受新知识。

(2) 在新知探究过程中创设思维情境。

学生接受新知识的过程，根据皮亚杰的理论，有两种方式：一种是同化，把新知识转化为旧知识；另一种是顺应，当新知识能被旧知识同化时，要调整原有知识结构，去适应新知识。按照布鲁纳的观点，思维情境是借助学生旧有的知识经验、认知结构，作为同化和顺应的外部条件。由此可见，在新课进行中思维情境的创设尤为重要。新课进行中创设思维情境可采用暴露思维发生、发展过程的方法。

学生在新课学习中有着一定的认知过程，即由"不知到知"的意向、领会过程。由于数学知识结构的特点，往往掩盖了认知思维的存在性。因此数学教学中，暴露思维发生、发展过程是符合学生认识规律和认识过程的。而"暴露"过程的本身就显示了较强的思维情境，它能活跃学生思维，使以教师为主导和以学生为主体达到充分统一。

新课进行中暴露思维发生、发展过程可采用的方式是：向学生揭示概念的形成、结论的寻求、思路的探索过程；向学生展示前人是怎样“想”的，教师是怎样“想”的，从而通过问题引导学生如何去“想”，并帮助学生学会“想”。在这个过程中适时地渗透数学思想和数学思维方法。

（3）在练习和小结中创设思维情境。

课堂练习是对学生在一节课内对新知识的同化和顺应情况的一种检测，是学生对自己的认知活动的自我意识和自我体验，从中反馈出的信息可以得到及时评价和调整，同时课堂练习也是学生掌握的基础知识和基本技能的内化过程。创设课堂练习的思维情境，能大大强化这个过程。因此要有目的、有选择性地安排课堂练习，一是通过“制错找因”，创设思维情境。练习中，根据所讲内容选编一些选择题或判断正误题，并要学生找出错误原因。二是编选变式题，使学生在不同的情境中把握概念的本质属性。三是编选的课堂练习要体现出一定的思维层次性，先直观后抽象，先浅后深。

在课堂小结中也要注意创设思维情境。小结是一堂课的“画龙点睛”处，它能使一堂课所讲知识及体现出的数学思维、数学思想方法系统化，初步形成认知结构。教师在小结时，或引导学生概括本节课主要内容、重点、关键，或要求学生制作提纲、图表等，都能较好地创设出思维情境，教师要十分重视在课堂小结中创设思维情境的作用。

创设情境有利于学生循着知识产生的脉络去准确把握学习内容。教学情境的核心是与知识相对应的问题，因此，创设教学情境能够模拟回溯知识产生的过程，从而帮助学生深刻理解教学内容，发展思维能力。创设教学情境还能够帮助学生顺利实现知识的迁移和应用。通过具体情境中的学习，学生可以清晰地感知所学知识能够解决什么类型的问题，又能从整体上把握问题依存的情境，这样，学生就能够牢固地掌握知识应用的条件及其变式，从而灵活地迁移和应用学到的知识，对于提高学习效果具有重要的积极意义。

数学课堂提问的原则和技巧

数学课堂提问是数学教学活动的重要组成部分，是激发学生积极思维的动力，是开启学生智慧之门的钥匙。巧妙地使用课堂提问，会使课堂气氛活跃，学生思维开阔，教学效果良好。因此教师应充分发挥课堂提问的效能，把握好提问的“火候”，多层次、多方位、多角度地提出问题，激发学生在获取知识过程中的好奇欲望、探索欲望、创造欲望和竞争欲望，进而培养学生的思维能力。

课堂提问的方式很多，只有巧妙使用提问，问设关键处，才能产生积极作用，达到良好的效果。下面就课堂提问的原则和技巧，浅谈几点看法：

1）课堂提问的原则。

所谓“台上一分钟，台下十年功”，教师在上课之前需要做很多的准备工作，最主要的就是备课。教师要想上好一堂课，就必须做好引导者。教师如何才能做好这个“引导者”，提问设计非常重要。教师在设计提问内容时应注意以下原则：

①提问内容要有目的性。

课堂提问的内容应当紧扣教材，围绕教学目的、教学的重难点来进行。所提问题应该为课堂教学内容服务，每一次提问都应有助于启发学生思维，有助于学生对新知识的理解、对旧知识的回顾，有利于实现课堂教学目标。在设计问题之前，教师不仅要考虑提什么样的问题，还要考虑为什么提这样的问题，目的是什么，使每个问题都成为完成教学任务的一个组成部分，使提问为教学目的服务。

②提问内容要有启发性。

启发性是课堂提问的灵魂，缺少启发性的提问是蹩脚的提问。因此，教师所设计的问题要能够激活学生的思维，引导学生去探索、去发现。提问要能引导学生到思维的“王国”中去遨游探索，使他们受到有力的思维训练。要把教材知识点与已有知识和经验之间的矛盾当作提问设计的突破口，让学生不但了解“是什么”，而且能发现“为什么”。同时，还要适当设计一些多思维指向、多思维途径、多思维结果的问题，强化学生的思维训练，培养他们的创造性思维能力。比如，教学“正方体和它的外接球面”时，教师可作启发性提问：“这时正方体和它的外接球面有几个公共点，公共点在什么位置?”进一步提问：“它们的数量关系是什么?”通过这些有序的启发提问，引导学生抓住数量关系去分析问题和解决问题。

③提问内容要有趣味性。

常言道：好奇之心人皆有之。如果一堂课的提问都是平平淡淡，无法引起学生的学习兴趣，必定会削弱课堂教学的效果。因此，教师在设计提问时就应注意其趣味性。课堂提问的内容新颖别致，形象直观，生动活泼，富有情趣和吸引力，能使学生感到有趣而愉快，在愉快中接受知识。此外，提问要联系学生实际，这样有利于让学生唤起已有经验并展开联想，使学生积极投入问题解决的情境之中。

2）课堂提问的技巧。

课堂提问是数学课堂教学的核心，当教师设计好了提问内容，把握好了提问时机，选择好了提问对象，那么就万事俱备，只欠东风了，而这东风就是提问技巧。

（1）提问形式要多样。

由于问题的内容、性质和特点不同，课堂提问可以采用不同的形式。一般有以下几种：

①悬疑设问，诱发学生的直接兴趣。

②引趣设问，激发学生的主动性。

③递进设问，化难为易。有些问题，由于难点较集中，教师就应当为学生设置思维的“阶梯”。初问浅显，学生正确回答后，再逐步加深，把教学的难点分化瓦解，逐渐达到预设的目标。

④变式设问，培养学生的创新性。一个问题如果从多个角度透视，可以开拓学生的思路，从而培养他们的思维能力和创新能力。

（2）提问语言要明确。

数学语言的特点是严谨、简洁、符号化，教师的提问语言既要顾及学科的这种特点，又要结合学生的认知特点，语言表述要准确精练，不能含糊不清。如教学中有时会出现这样的情况，在研究正弦的周期性时，老师问：“$f(x)=\sin x$ 是什么函数?”学生的回答可以是“$f(x)=\sin x$ 是正弦函数”“$f(x)=\sin x$ 是周期函数”“$f(x)=\sin x$ 是奇函数”等。原因就在于提问含糊不清。若教师问：“在 $f(x)=\sin x$ 中，$f(\frac{\pi}{6}+2x)$，$f(\frac{\pi}{6}+4x)$，$f(\frac{\pi}{6}-2x)$ 相等吗?”学生就不难作出正确的回答。

（3）课堂候答时间要把握好。

课堂候答时间指的是教师提问后留给学生的思考时间。教师提出问题后不要急于找学生回答，而要根据问题的性质留给学生适当的考虑时间。一般来说，等待 3 秒左右为宜，但这要根据问题的难易程度而定。研究表明，当教师把等待时间从不到 1 秒增加到 3 至 5 秒时，课堂就会出现许多有意义的显著变化。如学生会给出更详细的答案，会作出更多以证据为基础的证明，会提出更多的问题，学生的成就感会明显增强等。在此需要注意的是，候答时间并不是越长越好，最好不要超过 10 秒。随着时间的延长，课堂气氛会变得异样，很多学生开始处于思维游荡状态，偏离了课堂教学的问题范围。因此，教师要把握好提问后的等待时间。

掌握课堂提问的原则和技巧，恰当有效地提问，循循善诱，能给予学生一种主动创造的课堂学习氛围和新的思维情境，使学生调动自己的生活实践积累，展开想象的翅膀，发挥创造能力，从而在轻松愉快的氛围中去分析、思考，并作出判断。

数学课堂结尾的常用方法

如果说引人入胜的开头是成功的一半，那么画龙点睛的结尾则是成功的另一半。要知道对于中学生来说，课堂的最后十分钟是注意力最容易分散的阶段，但这往往是课堂的总结性阶段，甚至是这堂课的关键所在。因此，我们一定要精心设计一个生动的课堂结尾，吸引学生的注意力，以达到巩固教学知识、拓宽教学内容、保持学生学习兴趣的目的。反之，枯燥的结尾就会起到相反的作用，使学生丧失学习的兴趣，影响课堂效果。

下面我结合自己这几年的教学实践，谈一谈数学课堂结尾的几种常用方法：

(1) 归纳式结尾。

这是一种最常用的课堂结尾方法。这种结尾方法通常是在一堂课的结束前，留出几分钟对本节课所讲知识的重点、难点、关键等，进行全面准确、简明扼要和生动有力的归纳总结，使所授知识条理化、系统化、完整化。这样就能加深学生对所学知识的理解和记忆，并使他们更清晰地掌握这些知识。

一般来说，归纳式结尾在课堂上有三种做法：一是由教师来作总结；二是由学生来作总结；三是由教师和学生一起来作总结。例如，习题课“充分、必要条件的判断”，第一种做法是结尾时教师说：“今天，我们学习讨论了充分、必要条件的判断方法。充分、必要条件的判断方法有哪些呢？如果条件是以范围给出的，用什么方法判断好呢？如果条件是以否定形式给出的，用什么方法判断好呢？”然后教师总结。第二种做法是结尾时教师提出：“哪位同学能告诉大家，今天我们学到了什么？”然后就由学生来说。第三种做法是结尾时，由教师提出问题：“充分、必要条件的判断方法有哪些呢？如果条件是以范围给出的，用什么方法判断好呢？如果条件是以否定形式给出的，用什么方法判断好呢？”然后由学生讨论回答，

教师在需要时给予适当的引导和更正。这三种方法各有优缺点，在平时教学中，教师可以根据教学内容来选择适当的做法。

（2）活动式结尾。

应该说这是公开课上最常用的结尾方法了。通常在讲完课堂内容之后，结尾时结合本课教学内容，或提出问题组织学生讨论，或设计一个小游戏，或演示一些有趣的小实验，或组织一次小型的智力竞赛，使学生在轻松愉快的环境中结束一节课的学习。这样的结尾有益于发展学生的思维，增强学生的求知欲，巩固所学知识，促进学生知识的迁移。

例如采用讨论作为课堂结尾的形式，可以在学习新知识的基础上调动学生学习的主动性、积极性，活跃学生思维，还可以培养学生的独立钻研精神。在教学“旋转体的表面积”这节课结尾时，提出问题：把一块半径为2厘米、高为8厘米的圆柱形橡皮泥切成相等的两块，表面积增加了多少平方厘米？问题提出后立刻引起学生的注意，他们很快进入热烈的讨论中。通过讨论并动手操作后得出如下两种答案：①沿着上下底的半径垂直切开，表面积增加$4\times8\times2=64$（平方厘米）；②将圆柱体横放，沿着高的中点垂直向下切开，表面积增加$\pi\cdot2^2\times2\approx25.12$（平方厘米）。

（3）延拓式结尾。

当本节课新授内容完成后，不要马上结束教学，而应引导学生把所学的基本知识作适当的延伸扩展。教师可采取质疑、假设、练习等多种形式和手段来训练学生，作好铺垫。例如，教学“椭圆的定义和标准方程”结束时，教师小结“这节课我们理解了椭圆的定义和焦点在x轴上的标准方程”，延展“焦点在y轴上的标准方程是什么？平面内到两定点的距离之和相等的动点的轨迹一定是椭圆吗？如果不是椭圆又是什么图形？”用这种方法结尾，学生感到有趣，不仅能激发学生的学习兴趣、活跃学生思维，还可以延拓和衔接知识内容。

（4）习题式结尾。

在教学中，有些章节的教学要引出概念、得出规律并非难事，而要让学生全面、正确地理解、掌握并能灵活运用却非易事，这时可以采用习题式结尾。通常内容讲完后安排适当的练习来结束教学，既可巩固当堂知识，又可培养学生能力，还可减轻学生课后负担，同时便于教师查漏补缺，可谓一举数得。

例如，在结束时，教师引导："这节课我们学习了椭圆的定义和标准方程，用好椭圆定义可以简化解决问题的方法。请同学们课后完成以下练习。"

1. 写出焦点在 y 轴上的椭圆的标准方程。

2. 化简方程 $\sqrt{(x+3)^2+y^2}+\sqrt{(x-3)^2+y^2}=10$。

3. 平面内，A，B 为定点，且 $|AB|=6$，动点 P 满足条件：$|PA|+|PB|=6$，求动点轨迹。

4. 平面内，A，B 为定点，且 $|AB|=6$，动点 P 满足条件：$|PA|+|PB|=4$，求动点轨迹。

这样一方面能使学生比较全面地掌握本节课的主要内容，另一方面也可以使教师及时了解学生的学习情况，把握教学进程。

常言道：编筐编篓，重在收尾；描龙画凤，贵在点睛。数学课的结尾还不止以上几种方式，还有悬念式结尾、探究式结尾、首尾照应式结尾等，所有的这些方式都不是孤立地、单独地使用，往往是几种方式综合运用。

总之，精彩的结尾与具有吸引力的开头有机结合，似锦上添花，能促人振奋，使课堂教学始终扣人心弦，引人入胜。因此，教师要处理好课堂教学的结尾，给学生留下深刻的记忆。

数学核心素养

所谓学科核心素养，是指在某学科知识、技能的学习过程中，感悟该学科的核心思想与方法，从而形成必备的学科观念、学科能力，并掌握学科本质。

（1）对数学核心素养的认识。

“核心素养”指学生应具备的适应终身发展和社会发展需要的必备品格和关键能力，突出强调个人修养、社会关爱、家国情怀，更加注重自主发展、合作参与、创新实践。从价值取向上看，它“反映了学生终身学习所必需的素养与国家、社会公认的价值观”。这是从“知识核心时代”走向“核心素养时代”的必然要求。“核心素养”与单纯的“考高分”并不能画等号。

数学核心素养不是指具体的数学知识与数学技能，也不是简单的数学解题能力。数学核心素养依赖于数学知识与技能，又高于数学知识与技能，凌驾于数学思想与数学方法之上。数学思想有两个标准：其一，数学产生以及数学发展过程中所必须依赖的基本思想；其二，人们在谈论数学时，总要谈及的独特素质。基于此标准得出数学发展所依赖、所依靠的思想在本质上有三个：抽象、推理、模型。数学基本思想比数学思想方法更深刻地反映数学对象之间的内在关系，数学思想方法是数学基本思想的具体化，是从数学角度提出问题、解决问题（包括数学内部问题和实际问题）的过程中所采用的各种方式、手段和途径等，其中包括数形结合的思想方法、分类讨论的思想方法、转换的思想方法、等量替换的思想方法、特殊化的方法和函数与方程思想方法等。数学思想方法从操作层面来看具有过程性与层次性的特点。数学思想方法的过程性是指由于每一种数学思想方法都包含若干个环节，各个环节之间又彼此联系，因此在处理问题时需要一步一步地展开。数学核心素养是数学思想与数学方法的上位概念，数学方法是数学思想的具体化，数学思想是数学本质的升华。

在个人终身发展过程中，需要许多数学素养来应对生活中的各种情况，其中最关键、最重要且可以衍生其他数学素养的被称为“数学核心素养”。

（2）数学核心素养的特征。

核心素养在不同的阶段，具有不同的培养方式和培养目标，具有一定的持续性。从学生的纵向发展来看，数学核心素养的获得是一个循序渐进、不断深化的过程，需要不同阶段的教育合力培养；从学生的横向发展来看，数学核心素养是学生在一生的学习中，不断更新变化的动态系统，随着学生人生阅历的丰富和自身发展的需求，数学核心素养也会有所不同。例如，在小学阶段，应重视培养学生的运算能力、归纳猜想能力，那么与之相关的数学知识就成了这个阶段学生需要掌握的核心知识，需以这样的核心知识作为载体来发展学生的数学核心素养；到了中学阶段，重在培养学生的逻辑思维，这时学生所需的数学核心素养也会随之改变。在不同的阶段，随着认识数学的角度和方式的多样化，学生对数学本质的理解也会越来越深刻，其数学核心素养也会更加趋于完善。这反映出数学核心素养的阶段性与持续性。

数学核心素养不似具体的数学知识（公式、定理、法则）可以通过训练在短时间内获得，从教育的视角来看，数学核心素养应该强调反映数学情境、数学意义、数学建模导向和背景导向四个方面。将社会活动和社会背景引入数学课堂中有助于发展学生的数学核心素养。例如，从数量到数的抽象，再到利用函数模型解决实际问题。从数学学科角度来看，数学核心素养建立在一定的现实生活经历之基础上。例如，在义务教育阶段，学生的身心发展水平及认知能力还比较低，不容易接受相对来说比较抽象的事物，从学生心理特征的角度来看，在培养学生数学核心素养的时候，需要借助直观、形象、趣味的现实情境。基于以上分析，数学核心素养虽然是“看不见，摸不到”的，但是绝非“空中楼阁”，在教学中需要借助具体

的、形象的、实在的教学情境，数学学科特征与学生心理特征决定了数学核心素养的抽象性与情境性。

（3）关于数学核心素养的思考。

数学核心素养是满足学生个人全面发展所必需的核心数学知识、数学能力和情感态度价值观的总和，渗透在数学各个领域和各个学段的学习中。学生可以在教师的讲授下获取数学知识，在习题的训练中获得数学技能，而数学态度与数学思考属于内隐的心理结构，无法通过传授和训练直接获得，但可以通过在学习知识与培养技能的过程中感悟间接获得。因此，数学核心素养主要是通过后天教育培养获得的，教师可以基于数学核心素养构建包括具体教学目标、内容标准、教学建议、评价标准的数学课程体系，促进学生形成数学核心素养。

数学核心素养是数学能力、数学知识、数学态度、数学思考的综合性体现，数学能力与数学知识是数学核心素养的外显表现，数学态度与数学思考是数学核心素养的内隐特质。所以，可以用这样的程式来表达数学核心素养：数学核心素养 = 数学思考 ×（数学能力 + 数学知识）× 数学态度。正确的数学思考、积极的数学态度，会产生正面效果，促进数学核心素养的提升；否则会产生负面效果，阻碍数学核心素养的提升。

抓住培养思维能力这一数学教学的核心，教师就要努力培养学生的学习兴趣，培养学生终身学习的观念。某些学生不想学习或讨厌学习，是因为他们觉得学习枯燥无味，认为学习数学就是把那些公式、定理、法则和解题规律记熟，然后反反复复地做题。新教材的内容编排切实体现了数学来源于生活又服务于生活的思想，通过我们生活中的数学问题或身边的数学事例总结数学知识的发展与形成过程。在数学教学过程中，可通过教材列举的与生活相关的问题和图表不断培养学生的数学学习兴趣，使学生能感受、体验和表现数学中丰富的情感内涵。只有学生在课堂上动起来，课堂才会有气氛，学生才会逐渐喜欢数学，才能对数学有更深一步的了解。要积极引导学生，使学生不仅现在受益，而且终身受益。

总之，教学过程是教学方法不断完善的过程，是学生在课堂中主体活动的过程。在教学中，教师要善于营造良好的学习氛围，激发学生的求知欲望，创造条件让学生充分参与学习活动，发挥学生的自主能动性，注意对学生的学法指导，培养学生自主获取知识的能力，使学生“会学”。只有这样，学生的自身素质才能得到提高，才能获取主动的发展。

4 合力教育 守望讲台

凝聚家校教育合力

本着对学生负责、对家长负责、对学校发展负责的严谨态度，加强教育管理，凝聚家校合力，意义重大。

学生家长都期望孩子成长、成才，但大家是否都已经做好配合学校的教育，确保孩子成长、成才的三年一贯的规划呢？高中的学习、生活与初中相比有什么相同和区别？具体怎么做呢？有很多问题需要家长去思考，很多事情等着家长来做。学校成立家长委员会可以有效地研究、解决这些问题。下面我以自身所在学校情况为例详加阐述。

（1）高中教育的特点和对策。

①高中三年的特点和任务。

高一是基础：适应—养成—提高；

高二是关键：拓展—深化—超越；

高三是冲刺：强化—加速—决战。

高一上学期的主要任务是适应高中学习与生活，养成良好的行为习惯和学习习惯，下学期则为提高阶段。

对策：家校合力，帮助学生过五关。

高一新生就要开始自己为期三年的高中学习生涯，为顺利完成初中与高中的接轨，给即将开始的高中生活奠定一个坚实的基础，学生要有强烈的争胜心和拼争意识，时刻不忘学习。高中阶段要形成强大的自我约束力和自制力，对老师的教育指导、学校的规章制度，要严格遵从。

家长要经常给学生以信心，并以身作则，通过行动影响、教育学生。家长配合学校帮助学生过好以下五关显得尤其重要：过好思想关，过好纪律关，过好学习关，过好生活关，过好人际关。

②初中与高中的对比和差异。

初中是义务教育，高中是非义务教育，教育学生的方式不尽相同；初中的学生没有开除的处分，高中学生最大的处分是开除学籍；从学习内容上看，初中的内容浅显、单一，高中的内容复杂、综合；初中是合格教育和选拔教育并举，高中主要是选拔教育，等等。初中成绩好，到高中不一定还好。反之，起点低的同学，高中经过努力也能取得好成绩。有的孩子在中考前突击一个月，就能涨不少分，考上重点中学；但是在高中，你不从高一开始努力，一定上不了好大学，甚至较差的大学也上不了。

由于新教材试行，不少科目的初、高中教材衔接难免有问题。如，数学的二次不等式、十字相乘法、配方法、抛物线、平面几何有关定理等，能早点补上最好。

对策：从高一抓起，从现在抓起。

强化学生学习行为习惯的培养，为提高学习成绩保驾护航。高中学习科目多，会考考试科目有九门，高考有六门。习惯影响个性，细节决定成败，要想高考取得优异成绩，必须从高一抓起，从高一学生的学习习惯抓起。我们要求，只要学生在，就有班主任或老师在，就有学校领导在。学校领导、班主任老师作息时间须与学生同步。学校的老师，从早到晚，长年累月，一直陪伴着学生。老师这样做，目的就是让学生进班就读书，进班就做作业，而且做作业时还必须安静，不得讲话，养成良好的学习习惯。每天都有值班领导与老师检查老师的上课和学生的自习情况，发现学生不专心、讲话，在走廊走动，抬头往窗外看，这些情况都要在黑板上通报，以督促学生养成上课专心、做作业专注的习惯。良好的学习习惯养成了，怎愁考不上大学？

（2）整合家校资源，凝聚教育合力。

成立家长委员会，为学生的成功奠好基，起好步。

老师和家长，对于学生而言担任的角色虽然不同，但目标和任务是一致的，那就是学生的健康成长与成才。学生成才，对老师来说，或许是八百分之一的骄傲；而对于一个家庭来说，则是百分之百的自豪。因此，为了我们共同的目标，我们必须携起手来，凝成教育合力，激发学生不断进取的潜能，为收获高考捷报而共同努力。整合家校资源的第一步是家长参与班级、年级管理，成立家长委员会，并进一步明确和落实成立后的工作和任务。首先高一每班成立班级家长委员会，然后从班级家长委员会委员中推荐一位到年级家长委员会。

（3）对家长的建议。

一是要帮助孩子树立信心。信心是获得成功的第一步，一旦失去信心，外在的努力与压力只能给孩子增添负担。因此，家长拿到试卷，看到成绩，要尽可能地看到孩子的进步之处，多关心孩子的学习内容和实际进步程度，多询问孩子最近学习了什么、掌握得如何，而忌质问孩子考第几名、与第一名相差多少；忌说“你怎么这么笨，你不要去读了”。对于存在的问题，家长要静下心来，耐心地与孩子一起商量，分析原因所在，指导孩子制定、分解几个容易达到的小目标，这样可以使孩子感觉到能够做到，从而有利于孩子发挥潜能。孩子只有具有了一定的自信心，才会自觉主动地去学习，只要孩子每天都感觉到他在学习上取得了一定的进步，哪怕是改正了一个缺点，他都会感受到学习的乐趣。

二是支持、配合学校落实各项制度。如学校明令禁止携带和使

用手机、MP4 等物品，小孩提出要购买，他的理由肯定很充分：与家长联系、听英语歌曲。家长不要一听感觉有道理就帮他买了，其实这是在害他。现在的学校一般都有多媒体平台，能为学生提供视听设备；学校里有公用电话，有急事，班主任会通过校讯通、电话直接告诉家长。学生携带手机，多是用于同学间互相打电话、发短信，而且是不分上课下课，真正是既分心又分神，可以说对提高成绩有百弊而无一利。学校的每次大型考试，一般在考完的下一周，就会发成绩表给学生，班主任会要求家长看了签个回执。不管学校的什么回执，都请家长认真填写，不要认为工作忙就随便写写。其实在孩子心中，你认真写了就是体现对孩子的一种关注、一份关心，这也是家校联系的一个途径，让我们的班主任知道家长的重视程度。很多学校都会开通校讯通服务，将学校、班级的通知、注意事项通过这个平台告诉家长，家长也可以通过短信形式回复。还有就是指导孩子要牢固树立安全意识，遵守交通法规，身上不要带大量现金，不要带贵重物品进校。

三是要加强与班主任老师、任课老师的联系。家长可以通过校讯通，以发短信的形式把建议、设想反馈给老师；也可以直接打电话给老师，询问孩子最近在校的表现，或者对老师说说孩子在家的表现；如果能利用空余时间来学校与班主任、任课老师沟通则更佳。老师、家长、学生三方面对面的沟通，对促进学生的成长更有针对性和实效性。

四是要建立和谐的家庭关系。小孩回到家，家长要作表率，多与小孩说说话，尽量不要在家里搞一些娱乐活动；尽量不要在孩子面前议论老师，尤其不要在孩子面前贬低老师。在生活上关心多一点，思想上沟通多一点，言语上表扬多一点，餐桌上营养多一点，客厅里笑声多一点，家务让小孩做得多一点，让孩子在爱的阳光和责任中健康成长。

五是家校分工合作，密切配合，不要出现管理真空。各位家长应把孩子晚上是否住校、中午是否在校的情况在班主任那里做好登记。住宿生尽量不要迟到、请假。走读生，中午要么在学校就餐后在教室休息；要么回家午餐，在家休息，杜绝在外午餐、闲逛。家长需安排好孩子的周末活动。稍有不慎，在校老师的五天教育，敌不过出校周末两天的影响。安排好孩子的周末时间和每晚的学习，是家长教育成功的关键。

学生在校的一切由学校负责，在校外，则属于家长的责任范围。家长切记不能疏忽，也许因为你的疏忽，你的孩子中午没有回家，上网成瘾；也许孩子周末与社会人员去闲逛，浪费青春，甚至学坏。做好管理监护的时间衔接，绝对不要出现管理真空！

学校与家长的目标是一致的，两者要群策群力，相互沟通，严格督促，凝成合力，共同促进学生有效学习、健康成长。

家庭教育　身教第一

家庭是孩子人生中的第一所学校，家长是孩子最重要的启蒙老师。父母与孩子朝夕相处，接触的时间和机会最多，父母的言行无时无刻不在影响着孩子。家庭教育作为孩子通向社会的第一座桥梁，对孩子的个性、品质和健康成长起着极其重要的作用。然而在家庭教育中，由于我们大多数家长不懂教育规律，缺少教育子女的经验，加上现代社会竞争激烈，工作压力大，难以有足够的时间和精力用于子女教育上，于是经常在不知不觉中伤害到孩子，妨碍了孩子的健康成长。在国家大力实施素质教育的今天，我们也应转变观念，抽出更多的时间和精力用于家庭教育，积极配合学校教育。

（1）家长是孩子最好的榜样。

孩子刚出生时，其心灵的土地是荒芜的，父母是这块土地的第一个播种者，你播下什么样的种子，就会结出什么样的果实。因此，父母的言行和孩子的个性形成有着密切的关系，直接影响着孩子的思维方式、行为习惯和个人成长。

作为家长，要时刻牢记，孩子的模仿能力很强，而模仿的对象

主要是孩子心目中的“榜样”，如父母、老师等。父母与孩子长期共处于家庭，父母的一言一行孩子都会看在眼里，记在心上，并观察模仿、学习。如果家长一有空就去看电视剧、逛商店、打牌，却每天叫孩子读书、写日记，孩子就会不愿意，就会产生抵触情绪，学习的效果也不会好。更为严重的是，如果家长没有时间督促，孩子对学习又没有自觉性，孩子也会像父母一样，将时间都用于玩乐上，学习成绩自然不会好。所以，家长一定要真正重视“身教重于言教”的道理，严于律己，经常检点自身的言谈举止，成为孩子的好榜样。要用自己的行动来引导和改变孩子，培养孩子良好的品行和习惯首先要自己养成良好的品行和习惯（如坚持每天抽一定的时间看书学习），改变孩子不良的品行和习惯首先要改变自己不良的品行和习惯。要通过长时间潜移默化的影响和努力，逐渐使孩子养成优良的品格、良好的习惯和坚强的毅力。

（2）帮助辅导孩子学习重要，但培养孩子良好的学习习惯更重要。

目前，学生的学习负担都比较重，作业也比较多，还经常需要父母进行辅导。随着孩子知识的增长，父母辅导也会力不从心。因此，从小注重培养孩子学习的主动性，养成良好的学习习惯，不断增强或保持孩子学习的劲头更加重要。

“孩子的健康成长离不开健康的环境”，这是教育界一句至理名言。要引起孩子的学习兴趣，创造一种学习型的家庭氛围，这是每个家庭都应该努力的方向。

（3）立足于正面教育，注重孩子自信心的培养。

现代家庭基本上是独生子女家庭，不少家长对孩子百依百顺，只管孩子吃好、穿好、玩好，忽视了对孩子的教育。有些家长对孩子的成绩或错误不分青红皂白地肯定或否定，没从孩子的心理特点上考虑，表现出的教育方法成人化，甚至简单粗暴。比如，一个孩子为了给妈妈庆祝生日画一幅画，结果在画画时不慎将颜料弄到洁白的墙上了。孩子的爸爸回家看到那个情景，没头没脑地就把孩子批评一通："谁要你把颜料弄到墙上去的？把墙搞坏了，谁要你画的画？"这对孩子的自尊心是个损伤。很显然这位家长没有掌握孩子的心理，没有从正面来评价自己的孩子。他应该先表扬一下孩子"你真不错，能够亲手给妈妈画画"，让孩子能为自己的举动而感到自豪，然后再告诉孩子，应该讲卫生，做事要细心等，这样既能让孩子在不知不觉中接受教育，同时也维护了他的自尊心。

（4）对孩子许诺要慎重，培养孩子守信的习惯。

家长对孩子的许诺必须慎重、实在，让孩子产生一种奋发向上的动力，促使其更好地完成任务。只有履行自己的诺言，家长的威信才能树立起来。然而，在现实生活中，有些家长对孩子的许诺很大程度上带有盲目性、应付性，甚至欺骗性，这往往会对孩子的成长造成极大的负面影响。我们作为家长在对孩子许诺前应先慎重考虑，该不该对孩子许诺，能不能兑现，这种许诺对孩子来说到底好不好，等等，要不然就失去了许诺的真正意义。许诺后不履行诺言，会给孩子的自尊心带来极大的伤害，也会导致家长在孩子心中的威信下降。还会使孩子错误地认为，对谁都可以随便许诺，反正说了又无须负责。

适当的许诺也是十分有必要的，许诺应与有意义的活动挂钩，如答应与孩子一起上公园、出外旅游等。应注重精神享受，而尽量避开物质、金钱刺激。经济上的许诺会让孩子从小就看重金钱和物质的享乐，容易形成自私自利的个性和铺张浪费的习惯，对孩子的健康成长不利。

（5）培养孩子的独立性。

将孩子培养成人是每位家长义不容辞的责任。让孩子能够独立思考问题和解决问题也是十分重要的，孩子的独立性只能在实践中逐步培养起来。作为家长应该深刻地认识到孩子无论做什么事都是从不会到会，然后到熟练的。家长应该放手让孩子自己去做，只要是经过努力，不管成功与否，都应该鼓励，让孩子感到自豪。孩子毕竟是孩子，当孩子在做事情时，哪怕做错，家长也应该多鼓励少

批评。一次不行做两次，两次不行做三次，直到满意为止，让孩子感受到独立完成任务的快乐。

所有孩子都有着一个共同的天性——好问为什么，这表明孩子也在思考问题。在这种情况下，家长应该不厌其烦地回答孩子的问题，并想办法让孩子多长知识，引导启发孩子动脑去想问题，培养孩子独立思考问题的能力。同时，家长应该多听孩子的意见，在日常生活中让孩子学会拿主意作决定。由于受传统观念影响，家长对孩子的一切都有决定权，孩子缺少自己作决定的机会，这对孩子的独立性培养极为不利。因此，家长应多给孩子机会，让孩子学会独立思考问题、解决问题，不要将孩子的一切都予以否定，而要多听听孩子的意见，只要是合理的，就应该让孩子自己作决定，时间长了孩子就能学会独立处理问题。

(6) 积极配合学校对孩子进行教育。

学校教育离不开家庭教育的支持，家庭教育主要任务是配合学校教学，所以对孩子在学校的学习情况要做到心中有数。最好的办法就是与老师经常沟通，然后对症下药。对老师提出的要求，家长要认真配合，如学校的活动，应积极鼓励孩子参与，若需家长参与的活动绝对不要推辞，这样既给孩子做了榜样，也支持了老师的工作，同时也让自己的孩子有一个良好的学习环境。

平时当高考　高考如平常

高考前，对考生进行考前准备和心理状态指导，很有必要。平时当高考，高考如平常。

(1) 考前复习。

高考前，主要把精力放在回归基础重要的知识、方法、原理、技巧上。看书上的目录、标题，在脑子里进行复习、回忆，把生疏、重点的内容着重复习，已熟练的内容可“一带而过”；重温自己以往整理的提纲、图表、考卷、公式、定理以及总结；在考前一周，考生主要应该进行一些提纲挈领的复习，特别是检查一下重点内容的掌握情况，如老师明确指定和反复强调的重点内容，自己最薄弱的、经常出错的地方。考试前人的精神往往高度集中，理解力和记忆力在短期内急剧提高，因此在这个时段内应该加强复习需要记忆的知识，如历史、地理、政治、英语等，但是也不可过度紧张而耗费考试时的精力。考前一周考生宜看书而不宜多做题。每天每科做3~5道基本题、1~2道中档题就可以了，这样既可巩固一些重点知识，不致生疏，又可以增强学生信心。另外，在考前三天，很多学生认为万事大吉，可以完全不沾书本了，这是十分错误的。重要内容虽然已经掌握了，但还是要适当浏览一下，如历史、地理、政治的基本知识，语文的文学常识，英语的单词，数学的公式等，物理、化学的重要原理公式方法，生物的重要结论等。对自己已经考过的试题应该看一看，把经常出错的地方再强化一下，适当地做一点“热身题”，保持良好的竞技状态。所以，在考前三天还要适当地翻阅一下书本，这样做不仅可以使这些重点内容始终在大脑中处于待提取的激活状态，而且可以使自己心里踏实。在这三天，还要特别注意调整自己的心理状态，切勿把弦绷得太紧，应该适当地放松自己，如通过散步、和家人聊天、听音乐等方式调整自己的心态。

（2）睡眠的调整——规范睡眠。

遵守一般的睡眠卫生，逐渐调整生物钟：

①使生物钟与高考同步，特别是提高与高考科目相同的时间段的做题效率，扭转夜间做题兴奋的习惯。

②定时睡觉，定时起床，保持每天6~8小时的睡眠时间，中午休息30分钟左右。

③每天有适量的运动。

④睡觉前做轻松的活动，保持舒适的睡眠环境。

⑤住集体宿舍的同学，睡前互道“晚安”，一定要及时入睡。

⑥避免饮用浓茶、咖啡、可乐等刺激性饮品。

⑦晚上睡前避免参加令人情绪兴奋的节目，如听广播、聊天、

玩游戏、看电视（电影）等。

（3）高考前的心理状态调整。

高考前，每个高三的学生都会感到巨大的压力，这是必然的。考前适度的紧张和压力会促使学生全面、认真地复习，从而达到良好的考试效果。但是，也有一些同学过度紧张、焦虑和慌乱，以致影响考试水平的正常发挥。所以，高三学生必须注意高考前的心理调整，如果采取科学的考试策略，就能在高考中取得理想的成绩。

①正确认识高考。

确定合理的目标，正确认识高考，有助于我们进行有针对性的复习。高考是一种分层筛选型的考试，其目的就是将不同水平的学生分别筛选出来送往不同层次、不同水平、不同类型的高校进行学习。因此，高考试题有一定的区分度，一般而言，分数的分布是基础题30%，中档题50%，高难题20%。有的同学对高考试题难度估计过高，在偏、怪、难等题型上“奋战”，结果忽视了对基础知识的掌握，在考试中小题不会做，大题也做不来。

②保持平常心，缓解考试焦虑。

考试焦虑是一种临考前常见的内心感到紧张的情绪反应。经验表明，焦虑程度过高和焦虑程度过低时的效率都很低，而中等焦虑时的效率最高。所以，适度的考试焦虑有利于提高学习效率和学习成绩。一般而言，考试焦虑是由各种压力和个人的性格等因素造成的。高三学生在复习中应该保持平常心，缓解考试焦虑。

③保持考前积极状态。

考试前一天仍然有事要做，不要认为“万事俱备，只欠东风”。在这天应注意以下问题：第一，注意自己的饮食，考前一天应该遵循自己平时的饮食习惯，可以多加几个菜，适当增加肉蛋类食品，但不要为了补充能量而暴饮暴食，以免消化不良，直接影响第二天的考试。第二，不要参加剧烈的运动，以免体能消耗过大或发生其他的意外，从而影响第二天的考试。绝不能玩棋牌、上网打游戏，以免过度兴奋。适当的放松和休息应该是考前一天的主旋律。第三，熟悉考场，做到心中有数。第四，要认真检查考试用品，如手表、钢笔、三角板、圆规、铅笔、橡皮、半圆仪、小刀等，还有准考证，在纸上列个清单，把所有考试用品装在结实、透明的小塑料袋里，每天出发前，对照清单检查一下。第五，如果有的同学不看书心里就不踏实，还要临阵磨枪，那就不妨把第二天所考科目的课本随意翻阅一遍，但不可太动脑筋。如果有的同学不愿再看书，那就听一些轻松欢快的音乐，放松一下自己。第六，严格按照平时的作息时间上床睡觉，不应太晚，也不宜太早，以免太早或太晚上床而不能及时入睡。睡前可用温水洗脚，以改善血液循环，更好地入睡。切忌服用安眠药，因为安眠药会抑制人的大脑，导致第二天考试不够兴奋。

（4）临场心理状态调整及考试策略。

在高考中如果能够调整好心理状态，并采取正确的考试策略，那么就能考出理想的成绩，甚至超水平发挥。

①提前到达，从容应对。一般在考前20分钟到达考场，太迟了，来不及安心定神，进入考试角色的心理准备时间太短，有可能导致整个考试在慌乱中度过，造成不必要的失误。

②调整心态，沉着应考。考生来到考场后，首先可进行简单的放松训练，如做几次深呼吸，然后暗示自己："我的状态不错，肯定能取得好成绩。"在考前几分钟应该自己安静独处，不要再和别人讨论知识上的问题，以免破坏自己胸有成竹的感觉。考试中个别学生由于精神过度紧张等原因出现心跳加快、血压升高、焦虑不安、面色苍白、头晕目眩、腹泻气喘、尿频、注意力涣散、思维迟钝、反常遗忘等生理、心理状况，这些是正常的，但可加以适当缓解。如若出现上述状况，可采取以下措施：握紧拳头，数秒后松开，一紧一松，体验紧张—松弛的感觉，这样既可以转移注意力，又可让自己有所放松；暂停答题，闭上眼睛深呼吸，心中默念"停""放松"；重新审读卷面，规划答题方法与技巧。

③浏览全卷，制订答题方案。

答题策略：简单题分秒必争，中档题志在必得，高难题量力而行。

高考时一般是提前 5 分钟发卷，考生应充分利用好这 5 分钟，首先把整份考卷浏览一遍，对题目难度、题量、题型、答题要求、分值等做到心中有数。然后确定自己的答题方案，即对自己答题的顺序和在各个题目上的时间分配作出全局性的安排，同时还应预留检查全卷的时间。浏览全卷可以对所有的题目在头脑中留下一个印象，在答题时有助于各个题目之间的相互联想，这对于开阔思路、消除记忆堵塞现象有好处。在浏览全卷的过程中，发现自己熟悉的不要过分欣喜，发现自己不会的也不要过分紧张，要保持镇定的心态，应该想到“我难人亦难，我易人亦易”。还要特别注意答题卡的类型，是横式还是竖式。

④审清题意，细心答题。

做题前首先要认真审题，审题做到三个字——“准、快、全”，以准为基础，没有准为前提，则会导致做得越快错得越多。明确题目要求，避免盲目答题。审题的内容包括看清题型和题目的具体要求，还包括审准题目所提供的信息。尤其是文科课程的考试，能否从阅读材料中准确地找到所需信息，合理演绎，大胆猜测，反复推敲词意句意，往往是答对题目的关键。在答题的过程中，有的同学没想妥当就匆忙地在试卷上填写，然后改来改去，既浪费了时间，又弄脏了卷面。有的同学则过于谨慎，什么都要在草稿纸上写得清楚明白，然后才填写到试卷上。考试时间十分有限，许多题目没有时间打全稿，特别是一些大题，在草稿上写出答题思路或提纲后，就可以在试卷上直接书写。

⑤先易后难，合理分配时间。

高考试卷的安排一般是从易到难，所以做题时也是按题目顺序做，只要时间安排合理，最后检查试卷的时间是足够的。但问题不是绝对的，每个人掌握知识的情况不同，答题的模式也不是一成不变的。有的同学遇到难题后就一心要把它做出来，忘记了后面还有很多题要做，浪费了太多的时间，造成心理上的紧张，许多原本会做的题突然不会做了。正确的方法是先易后难，合理分配时间。先易后难的答题方法有利于消除紧张，逐步提高自信，以饱满的精神和较佳的思考水平来攻克后面的难题，避免完全按顺序答题时不停地遇到难题，不停地产生紧张焦虑心情，最后导致阻碍思维水平的正常发挥。在时间分配上，要注意对整份试卷的完成时间作出统筹安排，最后必须安排5～10分钟的时间进行检查。写字在清楚的基础上力求快速。

⑥镇定自若，忙而不乱。

在考试中可能不是所有的题目都是自己熟悉的，总会遇到许多困难。利用发散性思维，一道题一个思路解决不了换另一个思路。考试中经常遇到的困难主要有两类：一是记忆卡壳，平时会做的题，记得很清楚的知识，忽然忘记了；二是题目难度太大，一时间不知道从哪里下手。遇到困难时首先不要紧张，因为上述两种情况往往是太紧张、太兴奋造成的。正确的方法是：先放下这些题目，去做其他的考题，或者去检查一下前面已经做完的与之相关的或类似的题目，看能否从中找到提示；或者回忆一下自己曾经做过的例题和相关的知识，寻找突破口，以退为进；或者干脆把其他题目全部做完之后，再把这道题当作一般的练习题来做，没有了后顾之忧，就可以集中精力重点突破。在考试中，切忌赌一时之气，不顾时间和其他的题，无原则地蛮干。这样，想得高分，恰得不了高分，反而可能偏低。

⑦在草稿纸上打草稿演算。

切忌到处乱写，要按照一定顺序在草稿纸上演算，便于做完题后检查演算是否正确。

⑧有目的地检查，把好最后一关。

全部题目做完之后，或者还有少数题目实在做不出来，在这个时候，应该抓紧时间对做完的题进行检查，根据学科特点，有目的地重点检查。检查的内容包括：答案的计算过程是否正确，书写是否有错误，答案的内容是否完整，要点是否突出，阐述是否清晰，选择题的答案是否正确，机读卡的填涂是否正确，题号与答案是否有错位的现象等。全部试题答案检查完毕后，还应该检查一下姓名和准考证号码的填写情况。

对待高考，我们要强化信心、优化情绪，战略上藐视试卷，战术上重视试卷，特别是对简单的题一定不要马虎。相信自己有实力、有能力应对这次人生的挑战，成功属于有准备的人。

备战于高考冲刺前

高三是学生为高考冲刺的一年，备考紧张是不言而喻的。在高三下学期开学之际，我对高三学子有四点建议：

(1) 阶段任务明确，各有侧重。

具体时间和安排：

开学至一模前	系统复习，讲练结合；专题归纳，形成网络；关注全体，不留盲点
一模后至二模前	强化模拟，注重评讲；查漏补缺，颗粒归仓；突出重点，综合提高
二模后至高考前	回归课本，回归基础；心理模拟，临战实操；关注热点，用好信息

(2) 加强鼓励，调整心态。

①准备“百日誓师”大会。各班应准备好誓词，使“百日誓师”成为同学们在高考冲刺前的冲锋号、兴奋剂、加油站。

②利用醒目的条幅标语激励学生的斗志。利用教室板报和标语，书写励志名言，时刻勉励每个学生。开学第二周可检查评比。

③增加对班集体的奖励，促进群体奋进。级组按值班记录，对寒假出勤好的班级进行奖励，还要对学习进步大和活动突出的班级

给予奖励。

（3）合理分配时间，学科协调。

在一模前加强限时训练，四科轮流。每周安排适当的时间，分别进行英语、数学、语文、综合科训练。综合科可以分卷、合卷交替训练。

（4）加强过程管理，密切配合。

①充分发挥班主任的工作积极性和主动性，树立良好的班风、学风，进一步搞好日常管理工作。任课教师要积极配合班主任，发现问题及时向班主任反馈，注意配合班主任做好对个别特殊学生情况的了解和疏导、教育工作。加强与家长的沟通与联系，也可以召开部分家长专题会议，解决突出问题，使家长能够对学校的教育工作积极配合。特别是平行班要靠守望，平行班的班主任要加强早上、中午课前督促、抽查，做好学生思想工作，保证学生出勤率，烘托紧张气氛。

②各科老师须加强集体备课落实。备考要以提高课堂教学质量为中心。精心备好每一节课，用心上好每一节课，细心批改好每一次练习，诚心辅导每一位学生。做到备课全面，讲解精练，训练得法，指导到位。在下午限时训练时间，科任老师要留守在教室，陪伴着学生。特别是下午第八、九节课和周六特殊的时段，各科不要安排自习，要让学生有具体、明确的学习任务。科任老师也须考勤，并及时反馈给班主任。

5 课堂实录　聚焦讲台

“函数与方程思想”教学设计

（1）教学内容分析。

考情分析：对函数与方程思想的考查，一直是高考的重点内容之一。与函数相关的试题所占比例始终在20%左右，且试题中既有灵活多变的客观性试题，又有有一定能力要求的主观性试题。函数与方程思想是最重要的一种数学思想，高考中所占比重较大。函数与方程思想主要用于求变量的取值范围、不等式的应用等。

学情分析：本课学习对象是高三学生，经过第一轮复习后，学生基本掌握了有关函数与方程的一些基础知识，如函数的定义域、值域、单调性、奇偶性、周期性、对称性、最值、图象变换等，系统地学习了如一次函数、二次函数、幂函数、指数函数、对数函数、三角函数以及定义在正整数集或子集上的特殊函数（如数列）等的图象与性质，并在学习函数知识的同时，对方程也有一定的体会。但是学生对函数与方程思想的认知、感悟、应用还是零散的、片段式的，需要从学科整体角度和思维价值方面去把握，提纲挈领地去解决问题，特别是构造函数与方程的创新意识和实践能力需要提高。

（2）教学目标。

知识与技能：理解不等式、方程、多项式和集合等问题转化为函数的题型和特点；渗透化归的数学思想。

过程与方法：通过对不等式、方程、多项式和集合等问题转化等方面知识点交汇处的典型例题分析，掌握“转换角度”“化归函数”“构造函数”等方法，感悟和反思函数与方程思想，打通知识间的内在联系，提高思维的深刻性与思辨性。

情感态度和价值观：通过复习整理，使学生对函数与方程思想有一个全面的认知，体验数学的转化关系和简洁美。

（3）教学重点与难点。

重点：将不等式、方程、多项式和集合等问题转化为函数问题的过程和化归思想。

难点：利用好“构造法”化归函数。

（4）教学方法：启发式、谈话法。

（5）教学工具：投影仪、直尺。

（6）教学过程。

①情境引入，激发思维。

教师：今天上课之前，我先讲一段故事。那是1998年，学校教职工统一安装电话，一位职工的电话号码被安排为2815014。当时他很不悦，他说“5014”的谐音是“我轮要事”或“我冻（动）要死”，所以准备花200元钱换一个号码，图个好口彩。那天电信局的师傅到他家安装电话时，他说待更换号码后再装。电信局的师傅问清缘由后，灵机一动，只说了一句话，便使这位职工欣然用原来的号码安装了电话。大家想一想，这位师傅说了一句什么话？

（同学们开始全神贯注地听讲，而后聚精会神地思考，紧接着是窃窃私语，气氛异常活跃）

学生1：那位师傅让他不要迷信。

教师：回答基本正确。但是，这一句话恐怕解决不了这位职工的思想问题。大家注意到没有，问题的关键是什么？

学生2：问题的关键是数字“4”。

②切入主题，循循善诱。

教师：对！换一个角度“4”的谐音读什么？

学生抢答：音乐简谱“4”读“发”！

教师：答得好！思维敏捷。那么，“5014”就成了——“我轮要发”或“我动要发”，大吉大利，还节省人民币200元。看来，有时“山重水复疑无路”，如果换一个角度就会“柳暗花明又一村”。

教师：请大家看这道由不等式求范围的问题。（使用投影仪出示课例）

【例1. 对于满足 $0 \leqslant p \leqslant 4$ 的任意实数 p，不等式 $x^2+px>4x+p-3$ 恒成立，试求 x 的取值范围。】

分析：设 $f(x)=x^2+(p-1)x+3-p$，则抛物线的顶点、对称轴都不定，要求 x 的范围无从下手。大家还有什么办法？

学生抢答：转换角度，将 p 看成自变量！

教师：好！如果换一个角度，将 p 看成自变量，能否解决问题？哪个同学到上面来做一下？

学生3：【解：设 $\varphi(p)=(x-1)p+(x^2-4x+3)$，那么问题就变成 $\varphi(p)$ 在 $p\in[0,4]$ 区间上恒大于零的问题。从而，

$$\begin{cases}\varphi(0)>0\\ \varphi(4)>0\end{cases}\Leftrightarrow\begin{cases}(x-1)\cdot 0+(x^2-4x+3)>0\\ (x-1)\cdot 4+(x^2-4x+3)>0\end{cases}\Leftrightarrow x<-1 \text{ 或 } x>3$$

故实数 x 的取值范围为 $(-\infty,-1)\cup(3,+\infty)$。】

教师：做得很好！大家可以看到，原来“山重水复”不好入手的问题，我们转换了一下角度，将 x 暂看为常数而把参数 p 当作自变量，得到了函数 $\varphi(p)$，从而“柳暗花明”。

③因势利导，步步深入。

大家再看看下面的这个例子，考虑如何求解：

【例2. 设关于 x 的方程 $x^2-mx+4=0$ 在 $[-1,1]$ 上有实数解，求实数 m 的取值范围。】

学生4：令 $f(x)=x^2-mx+4$，则问题转化为抛物线 $f(x)=x^2-mx+4$ 与 x 轴在 $x\in[-1,1]$ 上的交点问题。

教师：答得好！他是将方程的问题转化为函数问题来解决的。但是要注意，有交点要分为有两个交点和有一个交点（横坐标是大于1还是小于1的）两种情况。

这还是化成函数问题，还有其他方法吗？能否转换一个角度考虑一下？

学生5：可将 m 看成 x 的函数。

$\because x \neq 0$，$\therefore m = x + \frac{4}{x}$。问题转化为函数的值域问题。

教师：很有见地！哪位同学考虑成熟了，请上来将求解的过程写在黑板上。

学生6：【解：$\because x \neq 0$，$\therefore m = x + \frac{4}{x}$ 显然是奇函数，易证函数在 $x \in (0,1]$ 上为减函数。

$\therefore$ 当 $x \in (0,1]$，在 $x = 1$ 时，函数有最小值 $m_{\min} = 1 + 4 = 5$，$\therefore m \in [5, +\infty)$。

同理，当 $x \in [-1,0)$，在 $x = 1$ 时，函数有最大值 $m_{\max} = -5$，$\therefore m \in (-\infty, -5]$。

故实数 m 的取值范围为 $(-\infty, -5] \cup [5, +\infty)$。】

教师：解答得很好，将方程的问题转化为函数图象或函数值域问题，可使方程问题迎刃而解。其中，利用函数值域问题求解更为简捷。

（出示例3）

【例3. 若 $x, y \in \mathbf{R}$，且 $(2x + y)^{15} + x^{15} + 3x + y < 0$。

求证：$3x + y < 0$。】

教师：同学们，根据条件，结合不等式的特点或变形后特点，看看能否也转化为函数问题？

学生7：【证明：将条件化为 $(2x + y)^{15} + x^{15} < -(x^{15} + x)$。

令 $f(t) = t^{15} + t$，则有 $f(2x + y) < -f(x)$。

又 $f(t)$ 为奇函数，$f(-x) = -f(x)$。

$\therefore f(2x + y) < f(-x)$。易证 $f(t)$ 在 $\mathbf{R}$ 上为增函数，

$\therefore 2x + y < -x$，即 $3x + y < 0$。】

教师：构造函数，深入浅出。解答得太好了！

④学生动手实践。

教师：请大家注意看，以下的题目用什么方法证明好？

【设 a, b, c 均为绝对值小于1的实数，求证：$ab + bc + ca + 1 > 0$。】

学生8：要证 $ab+bc+ca+1>0$，可证 $ab+bc+ca>-1$。

因为$(a+b+c)^2=a^2+b^2+c^2+2(ab+bc+ca)\geqslant 3(ab+bc+ca)$，

而条件可化为 $|a|\leqslant 1$，$|b|\leqslant 1$，$|c|\leqslant 1$，与结论联系不大？……】

教师：思路不顺，不要紧。你善于思考，并勇于表达自己的意见，即使没有做对，但你已经有了较大的收获。大家看一看，直接证明不易入手，怎么办？

学生抢答：转化为函数问题！

教师：答得好！那么，哪个字母作函数的自变量？请大家思考这个问题。

⑤画龙点睛，深入浅出。

教师：今天大家积极思考，发言踊跃，配合默契。请同学们回顾一下：以上例题主要采用什么方法轻松求解的？关键步骤是什么，它起了什么作用？请大家动笔写出来。

(3分钟后，教师用幻灯片出示小结)

【小结：函数与方程思想（课题）

转化方法：转换角度，柳暗花明；

化归函数，迎刃而解；

构造函数，深入浅出。

化归思想：方程、不等式、多项式和集合等问题转化（重新认识）为函数问题】

⑥课后训练。

练习题：

1. 已知 $0<a<1$，若函数 $y=\lg(a-ka^x)$ 在 $[1,+\infty)$ 上有意义，求实数 k 的取值范围。

2. 设 x，$y\in[-\frac{\pi}{4},\frac{\pi}{4}]$ 且 $\begin{cases}x^3+\sin x-2a=0\\4y^3+\sin y\cos y+a=0\end{cases}$，求 $\cos(2y+x)$。

（7）板书设计（略）。

（8）教学反思。

教学小结

本教学设计意从情境引入，激发思维；切入主题，循循善诱；因势利导，步步深入；画龙点睛，深入浅出。

“递推数列”教学设计

（1）教学内容分析。

考情分析：数列是必修五第二章的内容，是数学知识与数学方法的汇合点，是对初中所学内容的进一步深化（如方程计算）。这一章节充分培养了学生观察问题、分析问题、解决问题的能力，从辩证唯物主义思想看则体现了从特殊到一般的认识规律。递推数列作为数列的一种表示方法，有其独特的作用，是高考数学考查的重点内容之一。

学情分析：教学对象是高中三年级学生。在前一阶段的复习中，数列这一章节重点复习了数列的概念，等差数列、等比数列的通项公式、递推公式以及求和公式。学生在平时的练习中，接触了一些已知数列的递推公式，利用等差数列和等比数列的定义求数列的通项公式，或用构造等差数列、等比数列的方法求数列的通项公式的问题，因此对数列通项公式的作用有极其深刻的理解。但是在平时碰到的数列问题中，并不是所有的数列都能求得通项公式，有时必须通过求数列的递推公式来揭示数列的本质，解决问题。

本节课的设计是为了对前一阶段的复习进行回顾与提高，通过课内、课外知识的介绍，开阔学生的眼界，同时借助递推思想，有效提高学生分析问题、解决问题的能力，培养学生严密的思维习惯，促进个性品质的良好发展。

（2）教学目标。

知识与技能：会根据递推公式求出数列中的项，并能运用归纳法、累加法、累乘法、待定系数等方法求数列的通项公式。

过程与方法：通过探究、交流、观察、分析等教学方式，充分发挥学生的主体作用。

情感态度和价值观：通过对数列递推公式的探究，培养学生动手试验、大胆猜想的优秀思维品质，培养学生对科学的探究精神和严肃认真的态度。

（3）教学重点与难点。

重点：递推数列的转化过程及其方法。

难点：换元法和 a_n 有意义的理解与应用。

（4）教学方法。

启发式，探究学习，小组讨论。

（5）教学工具。

实物投影仪、多米诺骨牌（或方形橡皮块）10 块。

（6）教学过程。

①情境引入。

教师：同学们，今天我们先做一个演示（进行多米诺骨牌演示）。

看了这个演示，你想到了什么？请同学们打开思维的闸门，插上联想的翅膀，放开思考，不要怕离题。

（同学们在静静地思考）

学生 1：连锁反应。

教师：好！联想丰富，思路开阔。

（大家议论纷纷，教室内气氛高涨）

对！像学习的过程——循序渐进；似祖国建设——欣欣向荣；如资本主义经济滑坡——一败涂地；与上节课给大家留的作业题“已知数列 $\{a_n\}$ 中，首项 $a_1=1$，$a_n=2a_{n-1}+1$（$n\geqslant2$），求 a_5”解题的过程一样——逐步递推。

哪个同学能回答这道作业题的解法？

学生2：由条件逐步推得 $a_1=3,a_2=7,a_4=15,a_5=31$。

教师：答得很好。如果不用逐步递推的方法能否得出 a_5？如果要计算 a_{100},a_{1000}，用逐步递推的方法可以吗？请大家大胆发言，各抒己见。

学生3：可先求出通项 a_n。

教师：想法很好！那么，如何求通项呢？

②板书课题，出示课例：

【递推数列】

【已知数列 $\{a_n\}$ 中，首项 $a_1=1,a_n=2a_{n-1}+1(n\geqslant2)$，求 a_n。】

学生4：由刚才计算的过程可知

$a_1=1=2^1-1,a_2=3=2^2-1,a_3=7=2^3-1,a_4=15=2^4-1,a_5=31=2^5-1$，从而有 $a_n=2^n-1$。

教师：这位同学使用的是归纳的方法，比较好，能大胆探索，善于发现。不过，由特殊情况推出一般结论，可靠吗？（大家答：不一定！）是不一定。如果再用严谨的方法给出证明，就完美无缺了。很多科学家就是使用这种“归纳—猜想—证明”的方法得出了万世流芳的科学成果。刚才的结论在以后可以使用数学归纳法给出证明。

③循循善诱。

教师：大家再仔细考虑一下，还有没有其他推出 a_n 的方法？$a_n=2a_{n-1}+1(n\geqslant2)$ 与等差数列、等比数列比较有什么不同？如果没有常数项1的话，它就是等比数列。那么，能否消去常数项呢？怎么消去常数项？“1”这个尾巴就像某个同学的经济困难，大家看怎么解决？

学生5：大家分担这个同学的经济困难。配项，将1分配给 a_n，a_{n-1}。

教师：此方法很有新意，请你将配项方法写在黑板上好吗？

学生5：$a_n+1=2(a_{n-1}+1)$

教师：为什么等式左右都是加1？对，常数不随 n 变化。如果原常数项不是简单的整数，比如是0.5，1.8等，怎么办？

学生6：写成 $a_n+A=2(a_{n-1}+A)$ 与条件 $a_n=2a_{n-1}+1$ 比较，求

出 A。

教师：好！使用的是待定系数法。请大家动手操作一下。

【设 $a_n+A=2(a_{n-1}+A)$，则 $a_n=2a_{n-1}+A$，

与 $a_n=2a_{n-1}+1$ 比较可得 $A=1$，从而有

$a_n+1=2(a_{n-1}+1)$，令 $b_n=a_n+1$，有

$b_n=2b_{n-1}$，又 $b_{n-1}\neq 0$，$\dfrac{b_n}{b_{n-1}}=2$，

$\therefore\ \{b_n\}$ 是首项 $b_1=a_1+1=2$，公比为 2 的等比数列，

$b_n=b_1\cdot q^{n-1}=2\times 2^{n-1}=2^n$，即 $a_n+1=2^n$，

$\therefore\ a_n=2^n-1$】

④深入诱导。

还有什么方法能够消去常数项？解方程消去某项的方法是代入消元、加减消元法。这里没有式子可代，加减又需要两个等式，怎么办？

学生 7：将 $a_n=2a_{n-1}+1$ 中的 n 换成 $n-1$，两式相减可以消去常数项。但是，又多出了 a_{n-2} 项，可能不行？

教师：不要紧，你已经迈出了关键的一步，继续大胆往前走，“莫回头”！即使错了也无妨，因为你已具备了勇于创新的精神！请你把刚才的结果写出来再看。

学生 7：【$a_n=2a_{n-1}+1$，两式相减得

$a_n-a_{n-1}=2(a_{n-1}-a_{n-1})$】

教师：将左边也括起来怎么样？

学生 7：【$(a_n-a_{n-1})=2(a_{n-1}-a_{n-1})$，令 $b_n=a_n-a_{n-1}$，

则 $b_n=2b_{n-1}$】

教师：这个方案很好！不过，是否一定能行？具体操作的时候还会遇到什么问题？只有动手实践才能知道。

问题 1：$\{b_n\}$ 的首项 $b_1=a_1-a_0, a_0$ 有没有意义？没有意义怎么办？

对！修正 $b_n=a_n-a_{n-1}$ 为 $b_{n-1}=a_n-a_{n-1}$，

那么 $b_1 = a_2 - a_1 = 3 - 1 = 2$，问题迎刃而解。

可得 $b_n = 2 \times 2^{n-1} = 2^n$。

前面也可以将 $a_n = 2a_{n-1} + 1$ 中的 n 换成 $n + 1$。

问题2：由 $b_n = a_{n+1} - a_n = 2^n$ 如何求出 a_n？等差数列由 $a_n - a_{n-1} = d$（常数），是怎么求出通项 a_n 的？

学生8：【等差数列由 $a_n - a_{n-1} = d$ 得

$a_2 - a_1 = d, a_3 - a_2 = d, a_4 - a_3 = d, \cdots, a_n - a_{n-1} = d$，

将这 $n-1$ 个等式累加得 $a_n - a_1 = (n-1)d$，

$\therefore a_n = a_1 + (n-1)d$】

教师：$a_{n+1} - a_n = 2^n$ 与 $a_{n+1} - a_n = d$ 类同，能否也像这样用以上累加法呢？请一个同学在黑板上完成，其他同学在下面做。

学生9：【由 $a_{n+1} - a_n = 2^n$ 得

$a_2 - a_1 = 2^1, a_3 - a_2 = 2^2, a_4 - a_3 = 2^3, \cdots, a_n - a_{n-1} = 2^{n-1}$，

将这 $n-1$ 个等式累加得

$a_n - a_1 = 2^1 + 2^2 + 2^3 + \cdots + 2^{n-1}$，

$$\therefore a_n = a_1 + (2^1 + 2^2 + 2^3 + \cdots + 2^{n-1}) = 1 + \frac{2 \times (1 - 2^{n-1})}{1-2} = 2^n - 1,$$

而 $a_1 = 1 = 2^1 - 1$，也满足上式。

$\therefore$ 通项 $a_n = 2^n - 1$。】

教师：做得很好！下面的同学大都做对了，而且有两个同学在尝试直接使用累加法，思路开阔，勇于探索，很好！继续努力。大家都试一试。

好！有好几个同学又进了一步。继续努力！

【$\because a_n = 2a_{n-1} + 1$，

$\therefore a_2 = 2a_1 + 1$，$a_3 = 2a_2 + 1$（两式 a_2 的系数不一样，相加后 a_2 消不掉，怎么办？）

$2^{-1}a_3 = 2^{-1} \cdot 2a_2 + 2^{-1}$（对！将第二式两边同乘以 2^{-1}，其他式子怎么办？）

$2^{-2}a_4 = 2^{-2} \cdot 2a_3 + 2^{-2}$（第三式两边同乘以 2^{-2}）

…

$2^{-(n-2)}a_n = 2^{-(n-2)} \cdot 2a_{n-1} + 2^{-(n-2)}$（第 $n-1$ 式两边同乘以 $2^{-(n-2)}$）

将以上 $n-1$ 个等式相加，得

$2^{-(n-2)}a_n = 2a_1 + 1 + 2^{-1} + 2^{-2} + \cdots + 2^{-(n-2)}$

$2^{-(n-2)}a_n = 2 \times 1 + (2 - 2^{-(n-2)})$，$a_1 = 1 = 2^1 - 1$ 也满足上式。

$\therefore$ 通项 $a_n = 2^n - 1$ 。】

⑤学生实践：已知数列 $\{a_n\}$，首项 $a_1 = 2, a_n = 3a_{n-1} - 2(n \geqslant 2)$，求通项 a_n 。

⑥小结归纳。

教师：今天同学们配合得很好，大家善于思考，勇于发现，发言踊跃，希望以后继续保持。

教师：请大家归纳一下对于“已知数列 $\{a_n\}$，首项 $a_1 = a$，$a_n = pa_{n-1} + q(n \geqslant 2)$，求通项 a_n”，可以使用哪些方法？

学生 10：方法一，归纳—猜想—证明；方法二，待定系数换元法；方法三，递推相减换元法；方法四，各乘常数累加法。

教师：$a_1 = a, a_n = pa_{n-1} + q(n \geqslant 2)$ 在下列各种情况是什么数列？（$p = 1; q = 0$ 且 $p \neq 0; p \neq 0$ 且 $q \neq 0$）

教师：递推数列 $a_{n+1} - a_n = f(n)$ 中，$f(n)$ 是什么函数时可以求得通项？［$a_1 = a(n \geqslant 2)$］

⑦课后作业：请同学们课后完成以上问题，并选两题写出解题过程。

（7）板书设计（略）。

（8）教后反思。

教学过程流程图：

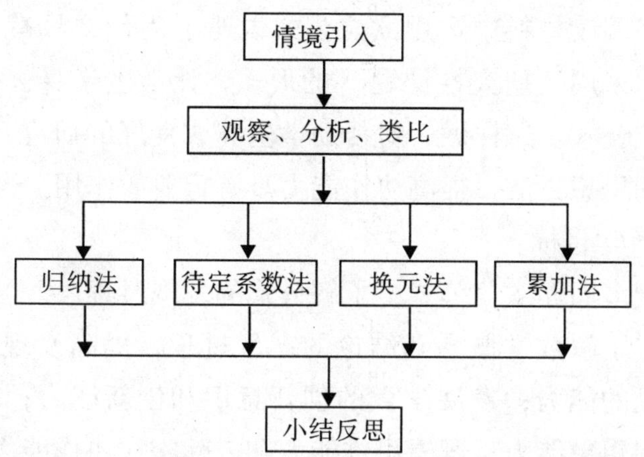

教学小结

本教学设计，意在从情境引入激发思维、教师善诱学生勤思、师生互动启发认知、渗透思想品德教育等方面作些探讨。

本节课始终注意引导学生动口、动脑、动手去探索、归纳、总结。最后找出一个普遍的规律，从而激发了学生学习的动机，激励学生去取得成功，顺应合理的逻辑结构和认知结构。从问题中反复对比、归纳、总结，符合学生的认识规律和心理特点，调动了学生自主探索知识的积极性，引导其注意数学思维方法的规律与总结，培养了学生的科研习惯和方法。本节课的教学设计较为合理，具有创新特点，板书也能起到画龙点睛的作用。

“欧拉公式的发现”教学设计①

（1）教学内容分析。

本节课是在学完棱柱、棱锥，建立了多面体、正多面体的有关概念之后进行的。欧拉公式 $V + F - E = 2$ 反映了简单多面体的元素（顶点、面、棱）之间的数量关系。它是研究多面体时很有用的工

① 此文曾刊载于孔凡哲，孟祥静．新课程理念下的创新教学设计．长春：东北师范大学出版社，2005.

具，教材在阅读材料中运用欧拉公式说明了为什么只有五种正多面体。本节课采用“研究性课题”的形式，让学生亲身去探索和发现多面体欧拉公式。这样做，对帮助学生养成良好的研究、探索习惯，掌握数学的思想方法，提高协作能力具有重要的作用。

（2）教学目标。

①识记多面体欧拉公式，了解公式的发现过程。

②初步了解数学概念和结论的产生过程，提高发现、提出、解决数学问题的能力；发展学生的创新意识和创新能力；进一步培养学生的空间想象能力、逻辑思维能力和人际交往协作能力。

③以多面体欧拉公式的探索为载体，体验数学研究的过程和创造的激情；培养严谨的科学态度和不怕困难的顽强精神；体验数学的简洁美。

（3）教学重点与难点。

重点：参与多面体欧拉公式的发现。

难点：拓展变换的空间想象。

（4）教学方法。

启发诱思，猜想发现。

（5）教学工具：多媒体投影仪。

（6）教学过程。

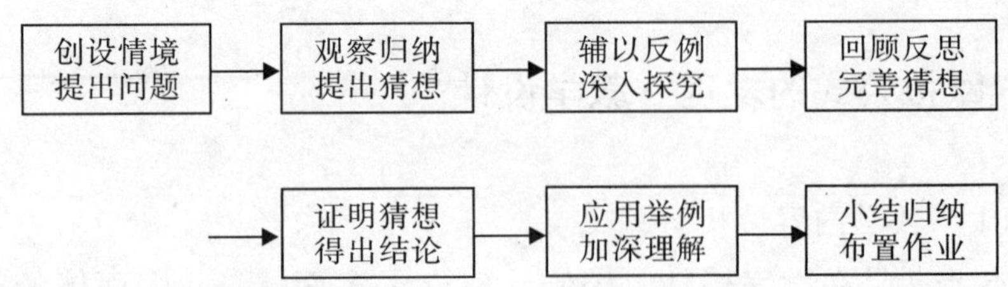

①创设情境，提出问题。

我们知道正多边形有无限多种，而目前我们学习过的正多面体却只有五种：正四面体、正六面体、正八面体、正十二面体、正二十面体。这是为什么呢？瑞士数学家欧拉早在1750年就研究过这一问题，并得出多面体欧拉公式。下面我们就沿着欧拉的足迹来探索这个公式。

②观察归纳，提出猜想。

问题1：图1中有五个多面体，分别数出它们的顶点数、面数和棱数，并填表。（多媒体演示）

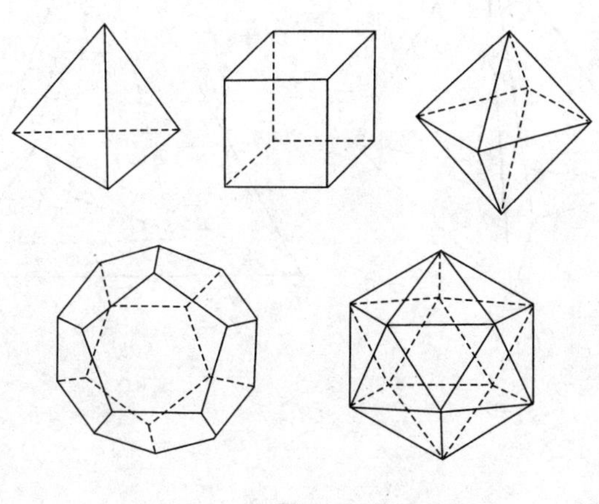

图1

表1

图形	顶点数 V	面数 F	棱数 E
正四面体			
正六面体			
正八面体			
正十二面体			
正二十面体			

请找出 V，F，E 之间的规律。在个人思考、分组讨论、展示交流成果的基础上，归纳出：$V+F-E=2$。

③辅以反例，深入探究。

问题2：是不是任意多面体都有上述规律呢？有没有不同的情况发生？图2中，有两个多面体，分别数出它们的顶点数 V、面数 F

和棱数 E，并填表。观察表 2 填出的各组数据，这些图形符合前面找出的规律吗？个人思考，分组讨论，代表发言。[图 2（2）为带洞的多面体]

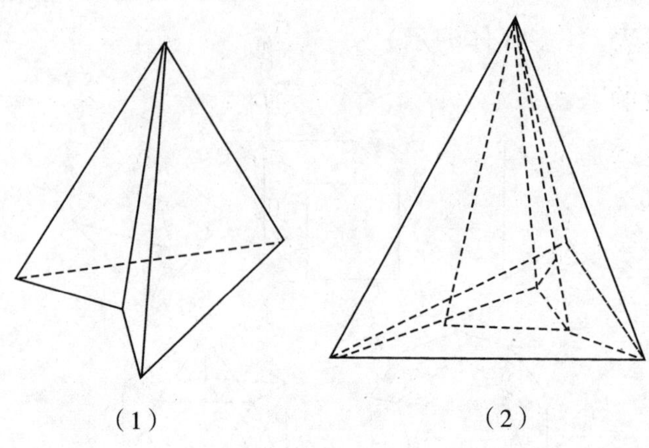

（1）　　（2）

图 2

表 2

图形	顶点数 V	面数 F	棱数 E
（1）			
（2）			

④回顾反思，完善猜想。

教师：欧拉研究多面体有一种特别有创意的方法，那就是假设它的表面是用橡胶薄膜做成的，然后充气，在连续变形且不破裂的前提下，把平面变成了曲面。

联系图 1，得出：像以上那样的连续变形中，表面能变为一个球面的多面体，其顶点数 V、面数 F 和棱数 E 满足公式 $V+F-E=2$ 。

图 2（2）带洞的多面体就不满足此公式，顺势得出简单多面体的概念。引导学生得出凸多面体、简单多面体和多面体之间的关系。

将前面的问题联系起来，你能得出什么猜想？

猜想：简单多面体的顶点数 V、面数 F 和棱数 E 之间是否存在如下规律？

$V+F-E=2$

⑤证明猜想，得出结论。

问题3：如何证明欧拉公式？

对于任意一个简单多面体，按前面的想法，假定它的表面是橡胶薄膜制成的。如果将多面体的底面剪掉，然后其余各面拉开铺平，就得到相应的图形。（多媒体演示）让学生体会欧拉公式的证明得益于“多面体的表面都是橡胶薄膜制作的”这一观念上的创新。将立体图形转化为熟悉的平面图形。

在上面的变化过程中，哪些量变了？哪些是不变量？讨论后展示成果。

利用这个关系能推导出欧拉公式吗？

问题4：定义欧拉示性$f(p)=V+F-E$，那么，简单多面体的欧拉示性$f(p)=$？带洞的非简单多面体的欧拉示性$f(p)=$？

⑥应用举例，加深理解。

如果一个简单多面体的面都是三角形，那么$F=2V-4$。

⑦小结归纳，布置作业。

体验数学公式的简洁美，过去我们研究的几何问题主要涉及长度、距离、面积、全等度量问题，而欧拉公式与度量无关。课后可分小组研究：

1. 充气后，表面经过连续变形能够变为环面的多面体，它的$f(p)=V+F-E$有没有规律？如果有，是什么？

2. 如何运用简单多面体欧拉公式证明为什么只有五种正多面体？

（7）点评。

发现欧拉公式，原本是高中数学的教学内容，经过适当处理，完全可以作为初中数学课题学习的内容，贾国富老师的这篇案例，其基本结构是“创设情境、提出问题，观察归纳、提出猜想，辅以

反例、深入探究，回顾反思、完善猜想，证明猜想、得出结论，应用举例、加深理解，小结归纳、布置作业”。这种形式结构清晰，层次明快，比较适合八年级、九年级的学生。

其实，欧拉公式作为阅读材料，曾经出现于义务教育课程标准实验教科书数学（北师大版）七年级上册中，作为课题学习的素材，可以作为初中高段的教学内容。当然，本案例可作为初中的研究型学习材料，只不过诸如“欧拉公式的证明”不宜作为全体初中生的要求。（点评：孔凡哲）

“方程的根与函数零点”教学分层设计与反思

（1）关于教学目标的分层定位。

课堂教学目标应该以该节课教学内容为载体，扎根于具体教学内容之中，对教学目标进一步细化，以突出教学目标对教学的导向作用。而本节课的教学重点是方程的根与函数零点的等价关系以及函数零点存在性定理，教学难点是探究函数零点存在的条件。

基于以上认识，本节课的教学目标定位如下：

①从一些具体方程（如一次、二次方程）根的求解以及相应函数图象，理解函数零点的概念以及探索出方程的实根与其相应函数零点之间的关系；

②会将一个方程求解问题转化为一个函数零点问题，并会用定理判断存在零点的区间；

③通过观察一些特殊函数在区间端点上函数值之积的特点，探索发现函数零点存在性定理；

④在学习过程中感悟化归与转化、数形结合、函数与方程的数学思想。

对于不同层次的学生，教学目标要求是不一样的：A 层次（基础稍弱类）达到①~②；B 层次（中等生）达到①~③；C 层次（优等生）达到①~④。

（2）创设问题情境，分层次定目标，引入零点概念。

一个好的引入可以帮助学生更好地理解所学习的内容，激发各个层次学生自己提出数学问题。所以我在课本的基础上设计了以下问题来引入新课。

教学设计如下：

问题1：判断下列方程是否有解。

①$x-1=0$；②$x^2-2x-3=0$；③$x^3-x=0$；④$\ln x+2x-6=0$。

（设计意图：问题1中方程①②③学生都可以利用初中知识解决，但方程④用现有方法解决不了，以此引起认知冲突）

问题2：求出表中方程的实数根，画出相应的函数图象的简图，并写出函数图象与x轴交点的坐标。（表略）（由A层次学生回答）

（设计意图：利用函数的图象与性质去探究方程的根，给出函数零点的概念）

问题3：结合函数零点的定义，你能说说函数$y=f(x)$的零点、方程$f(x)=0$的实数根、函数$y=f(x)$的图象与x轴交点的横坐标，三者有什么关系吗？（由B或C层次学生解决）

（设计意图：引导学生发现方程的实数根和相应函数图象与x轴交点的横坐标的关系，建构函数的零点与方程的实数根的关系）

（3）关于定理辨析的处理。

对零点存在性定理的辨析主要有两个方面：第一，对于定理条件的“充分不必要性”的认识，可以通过举反例（如画$y=x^2$函数图象）理解。第二，对于定理中零点个数问题，首先要明确“零点的个数”不是这节课的重点，只要让学生在直观上认识到，在定理的条件下，一定能保证零点存在，“有多少个”定理无法确定。课本中的例1，求函数$f(x)=\ln x+2x-6$的零点个数，意在用信息技术作函数值对应表和函数图象，通过直观判断得出结论。我觉得这节课的重点是方程的根与函数零点的等价关系以及函数零点存在性定理，所以把例题改为：

设 x_0 是方程 $\ln x+2x-6=0$ 的解，则 x_0 属于区间（　　）

A.（-1，0）　B.（1，2）　C.（2，3）　D.（3，4）

解决完本题后可以利用几何画板画出函数 $f(x)=\ln x+2x-6$ 的图象，再次验证结论。

（4）关于课堂练习的设置——分层作业。

根据因材施教的理论，这节课的课堂训练设计为分层练习，分为A，B，C三组练习，以满足不同层次学生的需要。

A组：（由A层次学生展示）

1. 求下列函数的零点：

①$f(x)=2x-1$　②$y=x-\dfrac{1}{x}$

③$f(x)=\begin{cases}(x+2)(x-4), & x<0\\ \lg x, & x\geqslant 0\end{cases}$

2. 下列图象表示的函数中没有零点的是（　　）

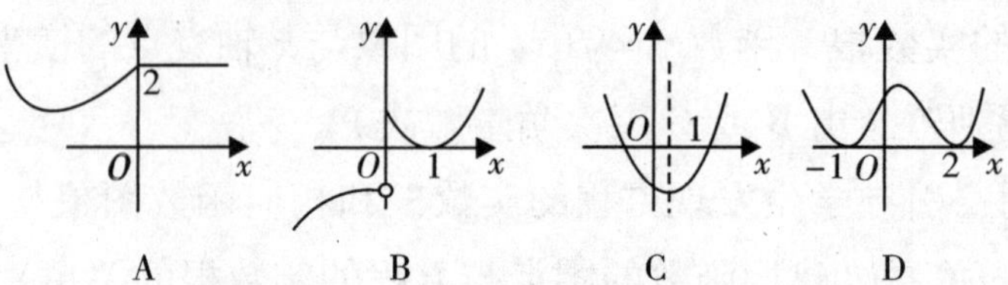

（小结求函数零点的方法：①代数法，即求方程的实根；②几何法，即利用函数 $y=f(x)$ 的图象和性质找出零点。）

3. 函数 $f(x)=4-4x-e^x$ 的零点所在区间为（　　）

A.（1，2）　B.（0，1）　C.（-1，0）　D.（-2，-1）

B组：（由B层次学生展示）

4. 设 x_0 是方程 $x^2-4^x=0$ 的解，则 x_0 属于区间（　　）

A.（-1，0）　B.（1，2）　C.（2，3）　D.（3，4）

5. 若函数 $f(x)$ 在 $[a,b]$ 上连续，且有 $f(a)\cdot f(b)>0$. 则函数 $f(x)$ 在 $[a,b]$ 上（　　）

A. 一定没有零点　　B. 至少有一个零点

C. 只有一个零点　　　D. 零点情况不确定

概念辨析：

①将零点存在性定理的条件和结论交换，所得命题成立吗？即命题“函数 $y=f(x)$ 在区间 $[a,b]$ 上的图象是连续不断的一条曲线，并且函数 $y=f(x)$ 在区间 (a,b) 内有零点，那么 $f(a)\cdot f(b)<0$”成立吗？若不成立请举反例。

②你能在下面横线上填一个条件使结论成立吗？

如果函数 $y=f(x)$ 在区间 $[a,b]$ 上的图象是连续不断的一条曲线，并有 $f(a)\cdot f(b)<0$ 且__________，那么函数 $y=f(x)$ 在区间 (a,b) 内有且只有一个零点。

C 组：（由 C 层次学生展示或留作课后解决）

6. 已知函数 $f(x)=ax^2+x-1+3a(a\in\mathbf{R})$ 在区间 $[-1,1]$ 上有一个零点，求实数 a 的取值范围。

（5）教学反思。

本节课的成功之处：

①引入自然。为了激发学生的求知欲，使学生感受到学习本节课内容的必要性，我先给出四个方程，其中三个是学生能通过已有的知识解决的，但第四个就不行了，这样既能激发学生学习的兴趣，又让学生产生疑惑，为引入新课作铺垫。然后通过一个表格引导学生观察三个方程的解与相应函数图象的关系，顺势提出了函数零点的定义，此时学生很容易得到三个等价关系，并明确要转换角度来研究方程的根：利用函数的性质和图象。实践证明，这样处理引入新课自然，效果良好，学生能较容易地将前后所学知识联系起来，弄清知识之间的内在关系，有利于理解和掌握新知识，同时感受到学习新知识的必要性。

②采用分层教学设计，满足各层次学生学习需要，充分调动各层次学生学习的积极性。根据学生的思维特点进行分层教学设计，通过由易到难、由简到繁、层层递进的问题串，为各层次学生呈现

适合其水平的学习内容，让不同层次学生都产生思维碰撞的火花，课堂气氛活跃，学生的参与意识明显。学生在成功的体验中，不知不觉地掌握概念，突破难点。最后辅以分层作业，进行巩固提高。这节课基本能保证C层次学生在听课时不等待，A层次学生基本听懂，得到及时辅导，即A层次“吃得了”，B层次“吃得好”，C层次“吃得饱”。

本节课的不足之处：

本节课的新知识都具有“形”与“数”两方面的含义，而几何直观是理性认识的基础，教学时应充分利用好函数图象，努力体现数形结合思想。在教学过程中，对现代教育手段的使用未能充分体现，对如何展现函数图象上的动点经过 x 轴这一最为关键的过程，没有突出和强调，因而没能更充分利用媒体强化对学生思维刺激的辅助作用。

三 传递梦想

1 构建平台 引领春风

一枝花开不是春，万紫千红春满园。

2013 年 1 月，我被广州市教育局认定为“广州市特级教师工作室主持人”。2013 年 3 月，本工作室又被黄埔区教育局命名为“贾国富特级教师工作室”。从此，我的教育生涯中，又增添了一项重要的教育活动。三年多来，一批有识中青年教师志同道合，聚集在工作室，工作室学员由原来的 9 人增至 30 人，建立实验推广学校 4 个、共享教师工作室 6 个，与 8 所学校建立了协作关系。在我的带领下，大家一起学习教育理论、进行教育考察交流、听课评课、承担课例、研究课题、撰写心得、分享感悟等，正能量满满，收获甚丰。以下诗作是我在工作室成立三周年之际所作：

三年倾心

——写给工作室组建三周年

三尺讲台存丹心，
三级课题重分层。
三载情系工作室，
三十精英志同仁。

三人同行友师承，
三千桃李书师魂。
三星高照科研路，
三年规划逐步赢。

贾国富特级教师工作室的部分学员 2016 年 1 月于黄埔留影

营建教师专业成长平台

工作室挂牌后，及时进行软件和硬件建设，主要在黄埔区招收了 8 个成员，制定了一系列措施和制度，并在广州市第八十六中学领导的积极支持下，配置了办公室和必备的办公用品。

（1）创建“贾国富特级教师工作室”博客和 QQ 交流群等，充分利用网络资源，融合教育博客、网络微博的特点，建立工作室网页，以提供学员日常工作交流、思想碰撞、成果展示的平台，实现资源共享，与教学同步，辅助教学，发挥辐射推广作用。工作室要求主要成员每学期在工作室博客上发表一篇教学心得，或研修提高实践，或教育理论感悟，或学术论文等，尽可能提高工作室博客的影响，使工作室成为学生的良师益友，使身边的师生和家长了解工作室博客，喜爱工作室博客，经常利用工作室博客。

（2）学习学科基础教育理论，提升工作室成员和学员的理论素养；了解学科改革与发展热点、焦点问题，及时借鉴和吸收学科教育研究新成果；推荐理论学习书目，一年组织一次学习心得交流。

(3) 给年轻人指路子、压担子、架梯子，打造人才成长环境，促进中青年教师业务迅速成长，各个层次都有长足发展。

争取三年之内，工作室有一人以上成长为区、市名教师，1～2人成长为高级教师或区级以上学科教学骨干等，培养一批学员成为校级以上教学骨干或一级教师等。

(4) 制定工作室成员考核办法。

①指导学员制定个人发展规划，明确成员的职责和任务。

②根据《广州市特级教师工作室评选与管理办法》要求，通过座谈会形式制定本工作室成员考核办法，明确量化考核标准，督促、检查成员工作过程，提升工作室工作效度。

③对工作室主要成员和学员建立考核档案，记载参加活动的时间、承担的任务和完成情况、公开发表的论文和论文交流情况，并给出量化评分。

④根据工作记录和量化评分，对工作室成员和学员给出继续教育积分，并把工作情况和评价反馈给原工作单位，作为年终考核的参考。

⑤加强交流合作广度与深度。借助工作室这一平台，进一步加强与市内外名教师工作室的交流合作，学习先进理念，促成自身特色发展，不断提升本工作室的示范、引领效应。

工作室集中办公地点设在广州市第八十六中学，工作室学员一般每月举行一次交流或活动。每次活动都会做好记录，留存文字和图片。

⑥聘请广州市教研室林少杰老师（正高）、黄埔区教育局李赤调研员（正高）、广州市第八十六中学胡革新校长（特级教师）为工作室顾问，指导工作室的建设、规划和发展。

⑦引领各学校数学教师专业成长。工作室安排成员和学员就教育热点、难点开设论坛讲座或市级公开课每年1次以上，区级公开课每年2次以上，每年开设区级以上教师培训讲座或论坛（报告会、研讨会）1～2次。挖掘、推广工作室成员的专业特色，推动成果辐

射推广和资源生成整合。

⑧率先垂范，积极开展课题研究工作。主持一项市级以上研究课题，或完成市教育局布置的一个科研课题，完成2项以上区级研究课题，并组织学员至少在省级以上主流刊物发表论文5篇以上。同时，积极研讨并争取申报一项省级以上规划、教研立项课题或重点研究课题，于三年内完成并取得相应成果。

⑨与时俱进，以身立教。积极参与教育高层次领军团队国内、国外研修等，抓住一切进修机会，不断提高自我素质。

工作室研修活动纪要

从2013年1月开始，工作室在各位成员的共同努力下，开展了大量的教师专业研修活动，并取得了显著成效。本人组织和参与的工作室研修活动主要有：

2013年1月17日，广州市教育局相关领导在华泰宾馆给首批教师工作室主持人授牌，我为领衔工作室主持人。

2013年1月，讨论制订《贾国富特级教师工作室三年发展规划》和《贾国富特级教师工作室工作制度》，由我执笔起草。

2013年3月25日，黄埔区教育系统市级名教师、特级教师工作室启动仪式在区教师进修学校崇善大课堂隆重举行。区教育局党委书记唐宏武题词："共建共享工作室，用足用好主持人。"工作室被正式命名为"贾国富特级教师工作室"，首批成员9人。

2013年3月，课题"高中基础年级数学作业分层设计的实践研究"审批通过，成为黄埔区首批教育"局长课题"。

2013年5月29日，召开工作室课题会议，区教育"局长课题""高中基础年级数学作业分层设计的实践研究"正式启动。工作室成员由9人增至13人。

2013年6月至2014年10月，课题研究进入第二阶段。

2013年8月，构建"贾国富特级教师工作室"博客，由我负责

建设。

2013 年 9 月 25 日，“局长课题”开题报告会在广州市第八十六中学召开。由我作开题报告，得到评议专家高度评价。

2013 年 10 月 18 日，工作室成员增加为 16 人。

2013 年 12 月 21 日，工作室全体成员抵增城中学，考察该校发展情况，与该校数学科组老师交流。

2014 年 1 月，我参加由华南师范大学主办的教师工作室主持人集训。

2014 年 4 月至 2015 年 5 月，课题研究进入应用与推广阶段，在广州市第八十六中学三个年级全面铺开并深化，在广州市第八十七中学和石化中学进行实践推广。工作室成员增至 22 人。

2014 年 5 月，课题“高中数学作业分层设计的实践研究”通过审批，成为广州市名师专项课题，课题批准号为 2013B263。

2014 年 5 月下旬，我随广州市名师教育考察团，赴山东济南、泰安和青岛作教育考察。

2014 年 6 月 27 日，我带领工作室全体成员前往南沙一中参观学习徐辉老师的省级特级教师工作室，并与数学科组老师交流。

2014 年 9 月 26 日，工作室迎来梅州市兴宁中学数学教师彭国君跟岗研修，由我带岗指导。当天，我主讲了一节“数列求和方法”分层教学示范课。

2014 年 10 月 14 日至 19 日，我和课题组骨干陈少婉老师参加广州市教育科学规划课题培训。

2014 年 10 月 21 日，工作室的广州市教育科学“十二五”规划课题开题报告会在黄埔区姬堂学校举行。

2014 年 11 月 26 日，数学分层作业开始应用与推广，工作室在石化中学进行课例展示和课题研讨。

2014 年 12 月 5 日，我率领工作室全体成员赴仲元中学和谭曙光名教师工作室学习交流。

2014 年 12 月 10 日，工作室部分成员赴广州市第六中学和严开明特级教师工作室学习交流。

2014 年 12 月 10 日，我带领工作室主要成员和跟岗学员，前往郑贤名教师工作室进行深度访谈和交流。

2014 年 12 月 18 日，在广州市第八十六中学举行区教育局课题中期汇报会，工作室主要成员参与了会议。

2015 年 1 月，华南师范大学基础教育培训与研究院副院长黄牧航（左一）为优秀学员颁奖

2015 年 1 月 5 日至 14 日，我参加华南师范大学基础教育培训与研究院主办的工作室主持人研修班，顺利结业，并被评为“优秀学员”。

2015 年 1 月 11 日，我随工作室主持人研修班成员抵深圳红岭中学、园岭小学和福田中学，分别考察了吴磊教师工作室、王鹏教师工作室和于才名师工作室。

2015 年 1 月 11 日，我在深圳市考察于才（左）名师工作室时与于才老师合影

2015 年 4 月 17 日，课题推广到广州市第八十七中学，课题课例研讨活动在广州市第八十七中学成功举行。

2015 年 5 月 8 日，工作室主要成员赴广州市石化中学进行课例研讨。

2015 年 6 月 19 日，应广东省李赤名师工作室邀请，我为该工作室跟岗学员作了“构建平台，共同进阶”教师专业研修活动介绍。

2015 年 12 月 4 日，工作室主要成员赴广州市第八十四中学参加课题研讨会。

2016 年 1 月 8 日，工作室主要成员一行 12 人，前往珠海作教学教育交流。在北京师范大学（珠海）附属中学观摩了数学课例，我作了题为“路在脚下——与青年教师分享成长之路”的专题报告，参观了崔雅儒名教师工作室。

2016 年 1 月 9 日，工作室主要成员前往珠海市第一中学进行教育交流，并与珠海一中数学科组老师进行了互动。

2016 年 3 月 3 日，工作室的区级教育规划课题“高中基础年级数学作业分层设计的实践研究”在黄埔区科研办会议室举行结题报告会。

我（后排左三）在黄埔区名校长名教师名班主任培养对象培训班结业典礼上的留影

2016 年 5 月 12 日，我出席黄埔区名校长名教师名班主任培养对象培训班结业典礼，并在会上发言。

2016 年 5 月 27 日，工作室的市级教育规划课题在黄埔区姬堂学校举行结题报告会，课题如期结题，并被评为优秀课题。

2016 年 6 月 17 日，工作室主要成员前往肇庆市第六中学进行教学教育交流。我作了“教师专业发展漫谈”专题讲座。

2016 年 12 月 5 日，应广州市教育名家工作室主持人李赤邀请，我作了题为“钟情教育　执着守望”的特级教师工作室成果展示。

2017 年 6 月 4 日，工作室的省级教育规划课题“高中数学作业分层设计应用与评价研究”在黄埔区教育研究中心会议室结题。

工作室师徒结对

为了帮助年轻教师在教育岗位上顺利成长，工作室建立“师徒结对”制度，确定师徒关系后，签署协议，明确师徒的责任和义务。

能给充满活力的青年教师当师傅，是信任，是嘱托，是荣幸；更是责任，是压力，是义务。结对子后，师傅要努力鞭策自己，不断反思，集思广益，在业务上进一步提高自己，使自己无愧于“师

傅”这一神圣的称呼。在工作中，要毫无保留地与徒弟们交流自己的工作经验及心得体会，在徒弟们遇到困难时，及时给予真诚的关心和帮助，师徒携手前进，共同成长。

师徒结对活动绝不是一个简单的形式，也不仅仅是一个协议。它的建构更是一个团队，一种文化，它让我们在携手前进的征途中，一起收获成长的喜悦，共同感悟心手相连的快乐。

在这里，我对年轻教师提出三点建议：

（1）抓住机遇，主动发展。“师傅领进门，修行在个人。”年轻教师要充分利用这个成长平台，在师傅的指导和带领下，主动地学习，严格要求自己。平日里一定要勤学多问，多听课，多讨论；多反思，多总结；有问题及时向师傅请教，有困惑及时向师傅咨询；认真学习教育理论，刻苦钻研教材教法；在学习师傅经验的同时，注意与自身特点相结合，学以致用，多探索，多积累，加快找到符合自己特色的教学思路和教学风格。

（2）“三人行，必有我师。”你的师傅并不止一个人，并不限于一个学科。学校的每一位老师都是你的师傅，他们中有的教学经验丰富，有的教研工作开展得好，有的班主任工作有特色，有的课题研究有水准等。博采众长，你会受益无穷。

（3）教学相长，切磋提升。师傅有经验、阅历和敬业精神，而你有青春、朝气、精力和勇气。彼此是师徒，是同事，也是朋友。因此，在教学活动中，你们既要向师傅虚心求教，经常切磋，共同提高，更要潜心钻研，大胆创新。请相信，你们的独到见解和独特风格，也是学校的资源和财富。

师徒结对搭平台，
教育征途同步迈。
虔诚敬茶行仪式，
主动发展天地开。

衷心祝愿所有的年轻教师：青出于蓝而胜于蓝！

工作室的教育活动与主要成果

三年多来，工作室凝心聚力，吸引了一批热爱教育的中青年教师。工作室搭起教师专业成长的台子，健全工作室的规章制度和实施方案，给年轻人指路子；让他们参与课题研究过程的研修，并提出严格的研修结业标准，给他们压担子；开辟与相关教师工作室和学校教育交流的渠道，打造人才成长环境，为教师成长架梯子。

回首三年来的历程，工作室成员和学员携手共建，收获甚丰，有关数据统计如下：

（1）在工作室网站、微信和 QQ 交流群中，分享教育心得 100 多篇；

（2）工作室研究并结题区、市、省教育规划课题各 1 个，工作室学员申报教育课题 4 个；

（3）工作室成员和学员公开发表教育课题论文 14 篇，其他教育教学论文 8 篇；

（4）接受跟岗培训学员 3 人，工作室研修 28 人，首批合格结业 9 人，这 9 名学员分别是张科、陈少婉、陈石鑫、胡文龙、高伟民、伍勋、曹东、唐秀农、甘绮雯；

（5）承担继续教育任务 3 期，分别培训中学教师 114 人、25 人和 26 人；

（6）编辑结集“贾国富特级教师工作室丛书”8 册，共 70 多万字，分别是：《带着信念前行——工作室发展手册》《有志者来　守望教育——工作室教育文集》《钟情教育　诗画人生——贾国富教育诗画集》《南雁北飞　诗画怡情——贾国富教育诗画集（续）》《以生为本　潜心科研——教育课题材料汇编》《群英荟萃　扬帆远航——教师专业成长案例》《合一知行　与时俱进——贾国富教育文集》《钟情教育　执着守望——贾国富和他的教育情怀》；

（7）编辑高中数学分层作业设计样板5册；

（8）举办教育成果展示分享活动3次，邀请教育专家作专题讲座3次，我为学员作教育讲座5次，组织成员和学员外出考察交流7次；

（9）团体申报参加区级以上教育竞赛活动3次；

（10）高中数学分层作业设计应用推广至4个学校，共享工作室6个，与8所学校建立协作关系；

（11）有2人参加省级骨干教师培训并结业，1人晋升为高级教师，11人晋升为中级教师；

（12）个人获得市级以上荣誉15人次。

2 潜心教研　成果斐然

分层教学　因材施教

随着素质教育的实施，培养全面发展的合格人才显得更为迫切。中学教育是基础教育，中学阶段所学的知识也属于基础知识，因此，使学生掌握中学阶段的内容显得极为重要。在我国现有的国情下，既要实施素质教育，又不能回避学生的升学问题，这是摆在广大教育工作者面前的一个尖锐的矛盾。在高中数学学习中，由于初中教材难度不大，研究对象是常量，侧重于计算和形象思维，表述形象通俗，因此学生易于接受；而高中教材内容的深度、广度和能力要求都有了较大的变化，许多内容难度大、方法新，对理解和分析的能力要求较高，从而导致两极分化的问题极为突出，特别是学生刚升入高中时，对这些变化往往不能很快适应。要改变这种状况，因材施教显得极为必要。对学生进行分层教学，是使全体学生共同进步的一个有效措施，也是使因材施教落到实处的一种有效方式。

分层教学既是一种教学策略，也是一种教学模式，更是一种教学思想。它强调了“教师的教要适应学生的学，学生是有个性差异的，不能以牺牲一部分人的发展来换取另一部分人的发展，学生的个体差异是一份宝贵的可供开发的教育资源”。它的核心是面向全体学生，以学生为本，正视学生的个体差异，并针对学生实际，实行分层推进，分步到位。

实施分层教学，要激发后进生的数学兴趣，创设成功的机遇。师生情感交流是培养学生对数学兴趣的基础，学生对数学学习的兴趣是数学情感素质的重要内容，兴趣是学习的内动力。所以，在教学活动中激发学生积极的学习兴趣，是提高课堂教学效率的重要手段。我利用数学学科的表象美、知识结构内在的逻辑美、数学语言的简洁美、思想方法的奇异美等，来激发后进生学习数学的兴趣。例如在教学集合时，为了便于记忆，我把集合的包含规律编成口诀“越交越小，越并越大”；为代数变形编口诀“能化简先化简，可画图就画图”等。既形象又生动，学生听得特别认真，在轻松愉快的氛围中掌握了知识。通过长期有意识的培养，学生逐渐实现了由“要我学”向“我要学”的转化。

下面是我在分层教学中的一些做法：

（1）学生分组。根据班级学生的数学成绩、自主学习能力、智力情况等因素，结合学生自愿报名情况进行分层，共分 A、B、C 三个层次。各层次内学生合理搭配，建立学习小组。

（2）目标分层。教学目标要分层次。教学目标的确定依纲扣本，结合学生的实际，针对不同学生的认知差异，制定适度而又有层次的教学目标：A 层打基础，培养兴趣，规范行为习惯，狠抓养成教育，力争成绩接近合格；B 层保证基础，培养兴趣，抓养成教育，形成良好的行为习惯，成绩力争合格；C 层基础较好，挖掘潜能，考试成绩必须合格，而且要有所拔高。每节课最好有上限目标和下限目标。上限目标是最基本目标，是全体学生都要达到的；下限目标是在完成教学任务之余，让基础好的学生有充分发展的余地。

（3）分类备课。对学生进行分层后，教师在备课时便应根据学生的实际情况进行分层备课，对 A、B、C 三层的学生分别提出不同的要求，这必须在集体备课时就体现出来。这样在实际的教学中才能做到有的放矢，不至于使分层教学流于形式。哪些内容是各个组都必须掌握的，哪些内容是只需作了解的，对不同小组在作业上有些什么不同的要求等，这些都必须在备课时充分考虑。

（4）分层授课。把学生分层的目的，在于分类指导、因材施教。依照教学目标起步低层、面向中层、顾及高层的原则，具体做法如下：

①严格控制教学内容。凡大纲和教材删去的，坚决不教，练习册、复习资料不用，以保证学生不折不扣地学好课本、练习卷中的习题。

②不增加难度。凡大纲规定只需理解的就不要求运用，要求运用到什么程度的就练到什么程度。

③不降低要求。凡大纲要求掌握、运用的，一定当堂练习、当堂检测，决不满足于讲完例题、学生能够理解的程度。凡是当堂教的数学定理、公式要当堂记忆，当堂运用，当堂正确解答有关的习题，当堂考出好成绩。

（5）分层作业。为了使学生学有所获，课后对不同层次学生的作业要求也是不同的。要重视教学目标的导向作用，教学目标不明确，讲课必定盲目，根本谈不上高效。只有目标明确，才能做到有的放矢，少走弯路，提高课堂效率，为此，必须面向全体学生，兼顾各个层次。

（6）分别辅导。个别化辅导是课堂教学的延伸和补充，我们加强个别化辅导就是为了普遍提高后进生的全面素质，减轻教师的教学负担和学生的学习负担。在辅导中，由于后进生学习的依赖性较大，因此要摒弃以前老师讲、学生听的做法，先拿出练习题、过关题让他们做，能解决则继续，否则，让他们自己阅读教材，对照例题，提出想法，先讲出来再做题，教师最后予以评判并指导。这样既传授了知识，又教会学生自学的方法。当学生遇到困难时，适度给予帮助，指明问题的切入点，梯度小一点，速度慢一点。当学生解答正确后及时给予充分的肯定和鼓励，让其有成功的喜悦，给其自信，鼓励其自学。

通过实施分层教学，班级学生的思想认识提高了，学习态度端正了，学习兴趣增强了，主动预约请教老师的同学多了，听课认真了，作业的整洁性、正确率提高了，学习积极性高涨，进步幅度较大。

在实施过程中，我也发现存在一些问题：

（1）有的学生平时很用功，作业还不错，课堂接受度也较好，能够独立完成作业，考试成绩却不佳，有什么办法提高他们的学习成绩呢?

（2）学生对知识点的遗忘过快，能用什么方法使其记牢，或用什么方法使其遗忘慢一点?

“海阔凭鱼跃，天高任鸟飞”，分开层次，承认差距，拓宽发展空间，这为广大同学提供了更好的机遇、更多的机会。基础的不同只能代表昨天，今天的奋斗更加重要。只要同学们正视自我，把握好机会，加上老师们的努力，相信不论哪班哪层，都会有显著的进步。

分层教学实例分析

课堂教学是学生学习知识、增强能力的主要形式，也是优化素质教育的主要途径。“一刀切”的教学方法，并不适合知识基础和接受能力各异的学生，如果采用，势必使多数学生感到教材内容过难或过易。基础知识牢固和智能发展较快的学生感到学得不起劲，“吃不饱”，激不起学习兴趣，压抑智能发展；基础差、智能发展迟缓的学生，又会感到学习非常吃力，“吃不了”，逐渐失去学习信心。这样一来，大多数学生都处于被动地位，发挥不了学习的主动性和积

极性。所以，呆板固化的课堂教学是产生落后生的摇篮，也是扼杀天才的桎梏。怎样才能不使一个学生掉队呢？我们可以根据学生的个性特征，采用分层教学方式，改进课堂教学过程，因材施教，尽可能兼顾不同层次、不同特征的学生。

根据多年的教学实践，结合学生实际，我总结施行了具有自身特色的分层教学法。经过一年多的实施，深受学生欢迎。学生学习兴趣明显提高，优生率、及格率大幅上升。优生率增加 94%，及格率增加 32%（对比实验统计结果），平均分提高 16.4 分。实验前后相隔一个学期，学生思想压力小了，作业负担轻了，学习兴趣浓厚了。两次考试成绩与实验前相比提高幅度如下表：

数学分层教学实验对比数据统计

班类	班别	平均分			及格率			优秀率		
		实验前	期中	期末	实验前	期中	期末	实验前	期中	期末
实验班	高二（5）班	91.2	105.5	112.6	60.5%	75.6%	92.3%	15.2%	23.8%	28.8%
对比班	高二（6）班	92.8	91.6	94.5	61.1%	60.1%	63%	16%	15.1%	14.6%

分层教学法，就是将班内学生按接受能力、智力水平和知识基础等划分为若干个组，分别提供与各组水平接近的教学方案，并加以分组辅导、个别指导、分别要求，疏通信息反馈渠道，及时调整教学方案，有的放矢，因材施教。具体做法如下：

（1）学生分组，分别要求。

一般可将学生分为优、良、中、差四个组，称为甲、乙、丙、丁组。甲、丁组人数可以少些。先准备以中等生为准的教案，然后对不同层次的学生提出明确的不同要求。对甲组在课堂上增设加深思考题，课后增加拔高训练题；对于丁组，少数问题不作要求，留在以后逐步消化。

以不等式的解法为例：

解下列不等式：

①$(x-2)(x+5)<0$；

②$x^2-3x-4<0$；

③$x^2-x+1>0$；

④$x^2-2x+3<0$；

⑤$x^2>16$；

⑥$\frac{x+2}{x-7}<0$；

⑦$(x-a)(x+2)<0$.

课堂上主要解决问题①至④，问题⑤由甲组学生回答。教师根据学生回答情况评讲，再讲问题⑥。问题⑦作为课后思考题。课堂上丁组学生可以对问题⑥保留疑问，在对丙、丁组的辅导中，再解决问题⑥⑦。布置作业时，对甲组学生增加 1~2 道有分量的习题。

（2）加强辅导，分类评估。

对于甲组学生，除加大作业量、增加难度、保证“吃饱”外，还可以通过组织数学课外小组、数学竞赛等形式扩大知识面，提高数学水平。对于后进生，每周增加两次辅导课，每次半个小时，主要解决课堂遗留问题，加强基础训练，并注意个别答疑和指导。辅导学生时还要注意学法指导，帮助后进生树立学习信心，扫清学习障碍，调动其学习的主观能动性，使他们保持愉快的学习情绪。

在单元测试时，使用同一份试卷，采用不同的标准对各组学生成绩进行评估。对甲组增加 12 分选做题，对丁组删去 12 分的难题。对各组学生的成绩均记负分数（即失分数），使他们都能看到自己哪怕是微小的进步，逐渐增加学习兴趣与信心。通过期中、期末考试，可以视学生的长进，并根据其个人要求，将其调入其他组，以此鼓励学生不断上进。

（3）及时调整教学。

定期分组召开座谈会，填写教学意见表，结合作业、考试情况及时改进教学方法，调整教学方案。此外，学生还要根据自己的情况，不断提高学习目标。

分层教学法中，分组是了解教育对象的前提，分别要求是分层教学的核心，分别辅导是提高教学质量的保证，而分类评估则是不断激励、刺激大脑的兴奋剂。分层教学法针对性强，切实贯彻了因材施教的教学原则，是优化素质教育的主要渠道，是提高教学质量行之有效的教学方法。

在教学实践过程中，只要教师大胆进行教改尝试，不断总结经验教训，改进教法，辛勤的劳动一定会结出丰硕的成果。

高中数学作业分层设计应用与评价①

当前，在普通高中不同层次的学校、不同起点的班级、基础差异较大的学生，大家不但都使用同样的教材，而且还做着相同内容和难度的数学作业。可想而知，数学作业的针对性和有效性根本得不到保证，更谈不上学生个性的充分发展。多年来，数学教学是“老师辛勤地教，学生勤奋地学”的“双勤”局面和“老师教得辛苦，学生学得痛苦”的“双苦”局面并存，数学尖子生不尖、差生仍然差的现象是一种常态。一般情况下，教师比较注重课内的教学分层，并愿意花精力进行深入研究，却轻视课后作业分层设计研究，或者有的教师意识到作业分层的重要性，却缺乏分层设计的一般方法，不能对作业进行有效分层设计，致使作业分层设计停留在表面上，流于形式。

建构主义学者认为，做作业就是对学生知识的建构和再建构。

① 本文系广东省“十二五”教育规划课题“高中数学作业分层设计应用与评价研究”成果，“基本原则”部分发表于《新校园》2017 年第 4 期，“基本策略”部分发表于《数学学习与研究》2016 年第 8 期，有删改。

学生学习的过程是其主动建构知识网络的过程，在独立完成作业的过程中，学生必须不断地反思、回顾、总结，让头脑中已存在的知识与需要解决的问题发生思维碰撞，从而找到解决问题的办法。

我们课题组通过对高中基础年级数学作业分层设计的实践研究，进行了不同课例的探讨，解决我校乃至全地区高中学校数学作业布置中存在的普遍性问题（作业内容的同一化、作业形式的单一化、作业思维的教条化）。当前我们主要通过设置多重选做题，丰富内容的层次，来兼顾不同层次学生的学业发展，效果显著。提炼出高中数学作业分层设计的一般原则，引领本校师生数学学习能力的提高，同时辐射了周边兄弟学校，特别是带动本地区内高中学校注重数学作业分层设计的应用，促进了数学教育的发展。

（1）基本原则。

在高中数学作业分层设计和评价的实践中，我们提炼归纳出因材施教的原则、双向选择的原则、自主学习的原则、有效性的原则、发展性评价的原则等。

①因材施教的原则。

发展性教学理论认为“差异是一种资源”。而承认差异、尊重差异，才能切实体现因材施教的原则。学生存在着个体差异，面向全体学生时不能无视这种差异，因此让不同的学生做有区别的数学作业，应因人定标、因材施教，这样才能使每名学生的数学能力都得到充分发展。

分层作业体现了因材施教的原则。分层作业尊重学生的个性差异，对不同能力层次的学生布置不同难度的作业，不仅能激发学习能力较弱的学生的学习积极性，而且也为学有余力的学生提供了展示潜能的机会。学生的作业完成情况得到有效落实，学习成绩逐渐有所进步。

②双向选择的原则。

双向选择体现在学生分组和对作业的任务要求上。在学生分组的过程中，采取双向选择，老师根据学生基础和平时学习成绩等给

出分组建议，学生则根据自己的实际情况和意愿进行调整，确定阶段所在小组。在学习过程中，A 组、B 组的同学，也可以尝试 B 组或 C 组的作业。试行一段时间后，学生也可以请求再调整小组。在对学生作业的任务要求上，也可以给学生留下选择的余地，下有保底，上不封顶。在完成本层次作业的基础上，鼓励学生尝试做高层次的作业，逐步进入更高的学习层次。学生分组前，需要做好学生和家长的思想工作，得到他们的配合与支持，而且有必要给学生解释清楚，分组的目的不是为分等排队，而是为了尊重个性差异，因材施教。如果学生或家长要求调换组别，可以满足他们的选择要求。在数学作业的题量上，允许学生自主多做题，上不封顶。

简而言之，在作业的设计及布置上，教师应以学生为主体，承认学生的个体差异，有效地实施分层作业，尊重学生的个性和意愿，调控作业难度，注重知识层次，由浅入深、由易到难，满足多样化的学习需要，使学生拾级而上，逐步提高。

③自主学习的原则。

数学作业分层设计充分考虑了学生的需求、完成能力、情感等因素，在作业的难易度、完成时间和数量等方面，给了学生更多的自主空间。学生作业量有所减少，学业负担减轻了，但作业质量得到保证，事半功倍。而且学生对作业的态度有了一定的改观：会主动询问当天作业内容，抄袭、乱做的现象也得到有效遏制。分层作业充分体现了学生学习的自主性，提高了学生学习的参与度，有利于全体学生的全面发展。分层作业能充分体现学生的主体地位，让学生积极发挥主观能动性去探索，体现出作业的层次性、趣味性、实践性和创造性。

数学教师一定要严格控制作业数量，精选习题。在作业的选择上要做到涵盖的知识面广、题型全面、重点突出，具有一定的代表性。同时，还要将课堂练习、课外作业、阶段练习以及单元练习安排成一个循序渐进的过程，一步步地提高学生的解题能力。此外，教师还应要求学生独立完成作业，按时上交。

④有效性的原则。

数学作业的目的是进行知识的巩固和反思，因此不能格式化，要讲究有效、有益。在分层作业时，既要确立教师的主导作用，保证作业合理、科学、系统，更要体现学生在作业中的自主性，使作业个性化、有针对性。教师主导，学生主体，作业自主，分层有保，落实有效。作业的设计，应该结合学生的实际选择适宜的难度，根据学生思维发展的程度编制相应的训练题型，从学生所学知识的差异、形成能力的差异上有目的地设计问题，从而提高作业有效性。

学生分层，同层成组，分组学习可以在有限的时间内，让每一个学生都主动参与学习，让学生在自主学习中树立信心，养成良好的习惯，形成有效的学习策略。小组学习最大的优点在于培养了学生的合作精神，使他们学会了与他人合作，具备了合作完成问题的能力。合作是人类相互作用的基本形式，在人的发展中没有一种发展是与别人无关的。从小培养学生与人合作的能力是老师义不容辞的职责。分组之后任何一位组内成员都有责任掌握教学内容，只有每位成员的积极性都调动起来，学生之间才能互相帮助，互相合作，共同进步。

⑤发展性评价的原则。

评价的目的是促进学生的发展，培养他们的学习兴趣和学习能力。在对学生作业的评价上，采取分层评价的方法，各组使用有区别的评价标准，能使每个组的成员都看到自己的进步，体验成功的快乐，使分层作业更有效。分层评价以分层测试成绩作为基本依据，把学生每次分层测试成绩作纵向比较，以此来考察各层次学生在本层次的达标及递进程度。教师可以按本层必做题的失分数进行评价，以区分不同层次学生的进步幅度，然后对各层次达标的学生进行表扬，让有进步的学生及时递进到高一层次，鼓励低层次学生向高层次努力。

数学作业分层应用与评价的基本原则相辅相成，因材施教是分层作业的理论核心，双向选择是分组的基本依据，自主学习是作业分层的基础，有效性是作业分层的保证，发展性评价是作业分层的促进手段，最终达到使学生进步的目的。分层作业，分步到位；个个参与，人人发展。

（2）基本策略。

①学生分组。

对学生智力因素、非智力因素、原有知识和能力差异进行分析，根据学生的学习可能性水平将全班学生分成下、中、上即 A、B、C 三个层次，比例大约为1∶2∶1。

学生分层可以根据实际情况采取显性分层或隐性分层，显性分层是由学生自择、师生协商、动态分层，隐性分层则只由教师掌握。将分层情况作为划分合作学习小组、课堂实施针对性分层教学的依据，在双向选择的基础上，根据学生的进步情况对学生分组再作调整，鼓励学生进取。

②目标分层。

教学目标分层的目的在于针对学生掌握知识的不同情况来设置各个层次的学生在教学活动中所要达到的不同学习目标，从而有针对性地教给学生不同水平层次的知识，以便和学生原有的知识结构相适应。将课程与每章节的教学目标分层时应做到“下要保底、上不封顶”，既能达到基本要求一致，又能鼓励个体发展，使每个学生都能在原有的基础上稳步前进，分步到位。中层学生要能进行比较复杂的分析和应用；高层学生要具有自学、探索、分析综合问题的能力，能进行创造性学习和实践。每个学生对自己的基础和方向要做到心中有数，积极拟定自己的计划和目标，签订参与分层学习责任状，主动参与，并持之以恒。

③分层作业。

把学生分组之后，作业要求也分成三个层次，递进设计：

A层（基本练习）：重在基础知识和基本技能的操练，如简单的计算、基本画图、熟记公式定理等巩固练习。一般而言，课本上大部分练习和A组题，主要适用于A组学生。A组学生可以选做B层作业。

B层（综合练习）：重在对知识的理解和运用，每题可以是两个以上的知识点和数学方法的训练。B组学生需完成A层和B层作业题，也可以选做C层作业。

C层（开放性练习）：题型灵活多样，偏重于理解、想象、运用，属于拓展性练习，一般适合于C组学生。C组学生在完成A、B层作业的基础上，再完成C层作业。

高中数学作业的分层设计，一般可分成必做题和选做题。必做题（1~5题）全体学生都做；选做题（6~8题），B组学生必做第6、7题，C组学生全做。学生完成各层次相应练习和作业后选做高一层次的练习、作业。分层数学作业设计，可解决以往统一习题、作业时高层学生“吃不饱”、中层学生“吃不好”、低层学生“吃不了”的矛盾。

④分类辅导。

平时利用第二课堂对学生进行分类辅导。对A组学生辅导主要是调动非智力因素，培养师生感情，激发学习兴趣，指导学习方法，面批学习作业，个别辅导重点突出，选题简单、基础；对B组学生增加综合性习题，鼓励拔尖；挑选C组学生进行数学竞赛辅导，主要是培养创造性思维和灵活应变能力。

对学生分层进行学法指导。在初中阶段，学生学习数学知识较浅，方法技巧涉及不多，许多知识都偏重于理解，所以学习起来难度较小。到了高中阶段，科目越来越多，内容也越来越广，数学思想方法和思维方式都有较大改变。加之，初、高中数学知识衔接存

在一定的问题，学生往往会产生无所适从的感觉。这就需要我们数学教师对高中新生进行学法指导。那么，如何对学生进行学法指导呢？首先应根据不同学生的学习情况制订相应的、适当的学习计划，并根据学生不同层次和实际情况，分类进行学法指导，在教学中逐渐弥补有关初、高中知识衔接问题，如因式分解、配方法和二次函数等，使学生在学习上循序渐进，树立学习的信心，激发学习兴趣。

⑤分层测试。

阶段性测试能比较全面、及时地反馈各层次学生阶段学习效果，具有一定激励作用。教师要把握试卷的密度、难度，按层次编制测试题，大部分为基础题，小部分为变式题和综合题。题目设计可以采用递进式，其中基础题占70%，在一份试卷里分为必做题和选做题，必做题各层次学生都做，B组学生选做部分选做题，C组学生则做全部选做题。题目设计也可以采用分列式，就是各组学生分别采用相应的A、B、C组试卷，也可以专门给A组设计过关训练题组，或给C组设计能力提高题组。

⑥分层评估。

对学生进行分层评估，以其在原有知识水平上的提高大小作为评价学生是否完成教学目标的一个基准，并在教学过程中针对不同层次的提问、练习、作业等及时作出有效的、鼓励性的评价。以分层测试成绩作为分层评价基本依据，把学生每次分层测试成绩作纵向比较，考察各层次学生在本层次的达标及递进程度。可以按本层必做题的失分数进行评价，以区分不同层次学生的进步幅度，并对各层次达标学生进行表扬，让有进步的学生及时递进到高一层次，鼓励低层次学生向高层次努力。

分层布置作业采用全批全改的形式，作业的评价要结合作业的难度和学生的实际水平来定。基础较弱的学生只要能做好A档题，我也会给他打满分，写个“好”字。对中档学生的要求要提高一个档次，有个别学生如果我认为他可以完成C档题，我会在他作业本上留言：“我认为你可以试试C档题，相信你能做出来!”即使他只做了一半，我也会对他给予肯定，并指出不足之处。对基础好的学生要更加“苛刻”，如果他们基础题出错，我会狠批他们；如果他们的方法不好，我会对他们说：“再想想，一定有更好的方法！”只有当他们的作业真的达到我的要求时，我才会给他们满分。对这类学生要提出更高的要求，以防止他们过分骄傲。

学生分组、目标分层是准备前提，分层作业、分类辅导、分层测试是关注过程，分层评价是激励发展。

学习小组模式下高中数学分层作业的分层讲评策略

数学作业讲评是数学教学的重要组成部分，它是加深学生对知识理解的重要手段，也是拓展学生思维、提升学生数学能力的有效途径。在高中数学教学普遍实施分层作业的背景下，作业的讲评面临一些新情况：对一些简单的错误，如果在课上讲评，对优等生来说是一种浪费；而对于难度较大的问题，老师在讲评时，“学困生”就被晾在了一边。作业如何讲评才更有针对性和实效性？如何讲评才能更好地发挥各层次学生的主动性？这是我们不得不思考的问题。为此，本文旨在探究在学习小组模式下，学生自主进行分层作业讲评的有效策略。

1）作业分层讲评策略的实施。

（1）教师对组长进行讲评和培训。

①教师对组长进行讲评。

优等生对知识的掌握，重点是看会不会灵活运用，要解决“做什么”的问题。因此教师要重点讲评“突破口”和“疑难点”，激发学生思维的碰撞，关键要发展学生的创新能力。

【案例1】如图，已知椭圆 C_1 与 C_2 的中心在坐标原点 O，长轴均为 MN 且在 x 轴上，短轴长分别为 $2m$，$2n$（$m > n$），过原点且不与 x 轴重合的直线 l 与 C_1，C_2 的四个交点按纵坐标从大到小依次为 A，B，

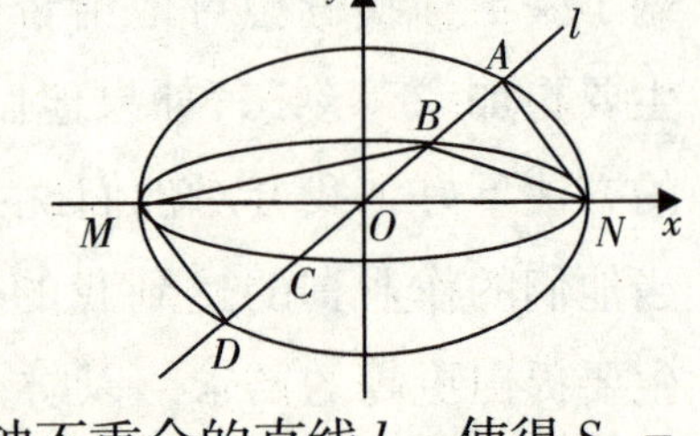

C , D 。记 $\lambda = \frac{m}{n}$, $\triangle BDM$ 和 $\triangle ABN$ 的面积分别为 S_1 和 S_2 。

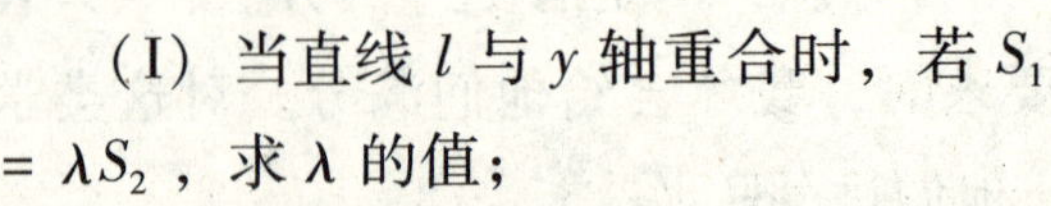

（I）当直线 l 与 y 轴重合时，若 $S_1 = \lambda S_2$ ，求 λ 的值；

（II）当 λ 变化时，是否存在与坐标轴不重合的直线 l ，使得 $S_1 = \lambda S_2$ ？并说明理由。

此题是“圆锥曲线综合问题”复习课后，给优等生做的一个“拓展探究”层次的题目。对于其中的第二小题，大多数同学的基本思路是：先设直线 l 的方程为 $y = kx$ ；再分别计算 $\triangle BDM$ 和 $\triangle ABN$ 的底 BD , AB 和对应的高，然后求出 S_1 和 S_2 ；后把计算结果代入目标式 $S_1 = \lambda S_2$ ，探寻是否可求出直线的斜率 k 。这个思路的可操作性较差，主要原因是 $\triangle BDM$ 和 $\triangle ABN$ 的底 BD , AB 的计算量很大，易出错。因此，讲评启发如下：

能否借助图形把目标式 $S_1 = \lambda S_2$ 进行转化？根据图形的对称性可知，$\triangle BDM$ 和 $\triangle ABN$ 的高相等，因此 $\lambda = \frac{S_1}{S_2} = \frac{BD}{AB}$ 。

能否进一步转化、化简？利用对应边成比例及对称性，$\lambda = \frac{BD}{AB} = \frac{x_B - x_D}{x_A - x_B} = \frac{x_B + x_A}{x_A - x_B}$ ，化简得 $(\lambda - 1)x_A = (\lambda + 1)x_B$ 。这样就把面积问题转化为 A , B 两点的横坐标的计算问题，从而使得问题大大简化，充分体现了转化与化归的数学思想在解题中的应用。

题目还给我们什么启示？学生开始思考。“除了转化与化归的数学思想外，我认为数形结合思想在此题的求解中也很重要，主要就是利用对称性来化简的。”“题目中的椭圆如果变成双曲线是不是也可以类似求解呢？”……

②教师对组长的培训。

教师对组长的培训主要包括：中等生作业中出现的主要问题在哪里；问题产生的原因是什么，如何避免；正确的思路方法是什么；

如何对讲评的效果进行评价，探讨怎样变式检验；能否总结问题的“通性通法”；组长试讲。

（2）组长对中等生的讲评。

中等生对知识的掌握侧重理解，要解决“为什么”的问题。因此组长对中等生的讲评要重点讲清思路，讲明方法，其次要答疑解惑，注重细节，关键要总结典型问题的规律性。

【案例2】设 F_1,F_2 分别是椭圆 $\frac{x^2}{4}+y^2=1$ 的左、右焦点。若 P 是椭圆上的一个动点，求 $\overrightarrow{PF_1}\cdot\overrightarrow{PF_2}$ 的最大值和最小值。

此题是“圆锥曲线综合问题”复习课后的一个“巩固提高”层次的题目。对于此题，在得到 $\overrightarrow{PF_1}\cdot\overrightarrow{PF_2}=x^2+y^2-1$ 后，中等生的问题表现在两个方面：不知道怎样求最值；没有挖掘出 x 的定义域。因此组长在讲评时，主要突出强调这两个问题。

首先明确目标。把向量坐标化，得出 $\overrightarrow{PF_1}\cdot\overrightarrow{PF_2}=x^2+y^2-1$。

目标式右边有两个变量 x，y，是此题的一个难点。能不能消掉其中一个变量呢？x 和 y 还有什么关系？由 $\frac{x^2}{4}+y^2=1$ 得 $y^2=1-\frac{x^2}{4}$，代入目标式得 $\overrightarrow{PF_1}\cdot\overrightarrow{PF_2}=\frac{3}{4}x^2$。这是典型的二次函数求最值问题，充分体现了转化与化归的数学思想。

二次函数的定义域有何限制？因为点 P 在椭圆上，所以 $x\in[-2,2]$。此题本质上就是闭区间上二次函数的值域问题。

组长讲评完此题后，可让中等生做变式练习：设 F_1,F_2 分别是双曲线 $\frac{x^2}{4}-y^2=1$ 的左、右焦点。若 P 是双曲线上的一个动点，求 $\overrightarrow{PF_1}\cdot\overrightarrow{PF_2}$ 的最大值和最小值。最后，总结解答此类问题的一般方法，根据目标式的结构特征，转化为与二次函数求解相关的最值问题。

（3）中等生对学困生的讲评。

学困生对知识的掌握强调准确认知，要解决“是什么”的问题。中等生对学困生的讲评要过审题关，理清问题，联系教材，关键要

注重基础。

【案例3】已知抛物线 $y^2 = 2px\ (p > 0)$ 的准线与圆 $(x-3)^2 + y^2 = 16$ 相切，求 p 的值。

此题是“圆锥曲线综合问题”复习课后的一个“夯实基础”层次的题目。中等生对学困生的讲评要结合条件，借助图形，突出基本公式、基本方法。

2）作业分层讲评策略的实施意义。

需要强调的是，在作业分层讲评策略的实施过程中，教师的作用并不是削弱了。教师要对整个讲评过程进行分析、培训、评估、检测和反馈，确保讲评效果。在此策略中，教师和学生的行为可以概括为下图：

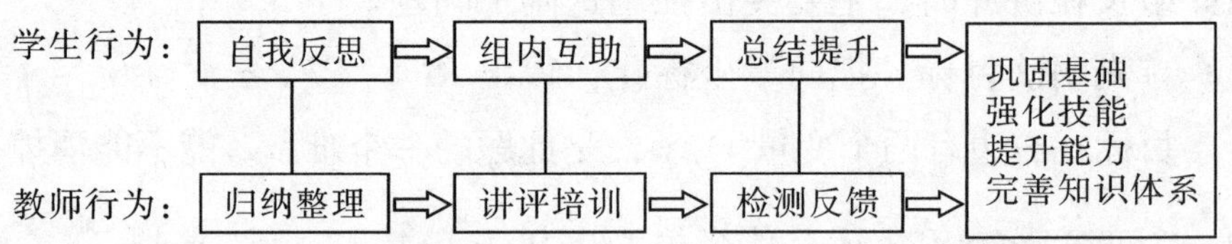

在这个过程中，教师和学生、学生和学生之间进行了充分的交流，让不同层次的学生参与进来，在不断地质疑与答惑、反思与总结的过程中，学生的思维更加严谨，知识结构更加完善，体现了“自主学习、合作学习、探究学习”的理念。特别是在作业分层讲评中，尊重了学生的个体差异，提高了讲评效率，让学困生巩固基础知识，中等生强化数学技能，优等生提高数学能力，从而使不同层次的学生均得到充分的发展。

教师专业化发展

教师专业化意味着逐步提高学历层次、学术水平、实施素质教育的能力，是现代教育发展的要求和必然趋势，也是现代教育与传统教育的重要区别。教师专业化发展已成为国际教师教育改革的趋势，受到许多国家的重视，也是我国教师教育改革的一个重要方向。

教师专业化是指教师这一职业具有自己独特的职业要求和职业条件，有专门的培养制度和管理制度。教师专业化的基本含义是：第一，教师专业既包括学科专业性，也包括教育专业性，国家的教师任职既有规定的学历标准，也有必要的教育知识、教育能力和职业道德的要求；第二，国家有教师教育的专门机构、专门的教育内容和措施；第三，国家有对教师资格和教师教育机构的认定制度和管理制度；第四，教师专业发展是一个持续不断的过程，教师专业化也是一个发展的概念，它既是一种状态，又是一个不断深化的过程。概括而言，教师专业化的内涵包括专业知能、专业道德、专业自主和专业组织等方面。教师专业化是教师个体专业不断发展的过程，本质上是个体成长的历程，是教师不断接受新知识和增长专业能力的过程。

第一，专业化要有明确的分工。教师是解决人才“怎么培养”问题的人。然而在大多数老师心里，都只是装着当前具体的教学工作。如果扪心自问，我们每天从事的工作，对于学生有多少培养的作用？是否有助于学生终身的发展，有助于学生的人生幸福？对这些问题，许多老师可能还没有认真想过。

一个教师，如果不把“怎么培养人才”这个问题从理论到实践加以解决，那么这个教师就是不专业的。老师每天平凡具体、琐碎细致的教学行为，都应该体现对学生的培养，这才是专业的。例如德育，学校有专人负责，那其他老师是否就可以不闻不问了呢？其实不然，因为学生上每一位老师的课，都是近朱者赤、近墨者黑的过程，孩子们到你的班里，原来不爱学的变得爱学了，原来不懂事的变得懂事了，这就是德育。老师的身教，比空口说教的效果好得多。

第二，专业化要有专门、规范的知识和技能训练，尤其是要有教育科学和教育技术的含量。

有人把老师戏称为教书匠。木匠、铁匠、瓦匠、教书匠，这并不是贬义词。匠人中不乏能工巧匠，手艺巧夺天工，可以做出精美绝伦、流传千古的工艺品。能工巧匠，靠的是手艺。例如，铁匠的手艺高，能用手工做出一个光亮的铁球，再用手工在大铁块上掏出一个圆窟窿，将铁球放在这个圆窟窿里，正好严丝合缝，无论怎么转，都是那么合适。这手艺够高，我们也相信真有这样高明的师傅。但是，要说手艺特高的铁匠能造出一个手机，或一台电脑，我们绝对不信。因为那不是铁匠能造的东西，其中固然有手艺，但更重要的是科学和技术。

专业化的研究型教师、教育专家跟教书匠的区别，就在于教育科学和教育技术的含量。教师要专业化，必须掌握教育科学和教育技术，有专门、规范的知识和技能训练。怎样判断专业水准，可参考两点：第一点是不可替代性。不可替代性越强，专业化的水准越高。第二点是研究精神和创造精神。什么是研究精神？就是勤于探索“是什么，为什么”“做什么，怎么做”。对于大家司空见惯、习以为常的事，自己总是爱琢磨。过去我们就常说，教师的思维能力表现之一就是能不断地提出任务，不断地解决问题；表现之二是熟悉学生的思维规律，能帮助学生排除思维障碍。什么是创造精神？就是总在琢磨“有没有别的办法，能不能更好点”，这课你教过五遍了，今年再教这个课，能不能用一种别的办法？试一试，能不能再好点？这就是创造性的工作。如果说，这课我反正教过五遍了，任何时候你想让我上，我都能上一遍。那样只是一个熟练工，就没有创造性了。研究并不神秘，创新也不神秘。研究精神和创新精神，标志着专业化的水准。

总之，教师专业化，就是一个教师不断发展和完善的过程，是一个教师一辈子需要不断进行的事。

率先垂范立教坛

2014年9月9日，我应邀参加了广州市政府举行的第30个教师节座谈会，受到时任广州市长陈建华的亲切接见，并有机会在座谈会上畅所欲言。我在座谈会上欣然谈了以下四点。

2014年9月9日，我在广州市政府受到时任广州市长陈建华亲切接见

（1）坚守一线到永远。

我在教育教学工作第一线，已经工作了37年。在教坛上的默默耕耘，让我体验到了人生最大的幸福。每个教师节一封封热情洋溢的信，一张张饱含谢意的精致卡片，一个个节日慰问的信息和电话，从四面八方飞到我的身边，令我心中充满欣慰与自豪。教师付出了，学生不会忘记你，领导不会忘记你，社会不会忘记你。人生最大的幸福是什么？我的理解是，人生价值得到充分显现，付出得到社会高度认可。我在湖北教育一线工作了23年，并小有成就。融入广东教育的熔炉后，又有新的发展。这12年来，我一直没有闲着，除一直承担两个班的数学教学任务外，还做了四年班主任、六年级组长、

两年特级教师工作室主持人。

其实我只是做了一个教师、一个共产党员该做的事，但党和人民却给了我无上的荣誉：2005 年被评为广州市优秀教师，2012 年被评为南粤优秀教师，2013 年被认定为广州市首批特级教师工作室主持人，2014 年又被评为全国模范教师。

“为伊消得人憔悴，衣带渐宽终不悔。”教师的职业生涯是值得我们穷尽毕生精力守望的。

（2）教师任重又道远。

时代赋予我们教师的使命，任重道远。人民的教育事业，需要高素质的教师，需要能跟上时代步伐的教师。教育是塑造人的灵魂的伟大事业，是“心灵与心灵的沟通，灵魂与灵魂的交融，人格与人格的对话”。人民教师要立德树人，坚持培育学生健全人格，培养学生积极的心理品质和乐观向上的品格，让他们学会创造幸福，分享快乐；关注学生的内心世界，塑造学生纯真完美的心灵；高度重视对学生的人文关怀，营造良好的师生关系、同学关系，为培育学生健全人格提供良好氛围。

社会在进步，新时期的教师必须终身学习，促进专业知识、专业技能的发展，更重要的是专业态度、专业信念、专业情感的不断更新和完善。

（3）学生成长有乐园。

有品格的高中学校绝对不会只盯着高考，有品格的教育绝对不会只盯着分数。我所在的广州市第八十六中学，已经连续九年荣获广州市高中毕业班工作一等奖。外界听结果好像是师生死拼才能得到这些荣誉，才能逾越高考这道独木桥。其实不然，如果真靠死拼和只抓升学率得一等奖，学校也走不了多远。相反，八十六中特别注重学生的全面发展，为此设计和推出了丰富多彩的校园文化活动，有体育艺术节、元旦文艺会演、爱农学农活动、生存拓展训练、跳蚤市场、科普国防教育等；学生活动也相当丰富多彩，有摄影社、街舞社、魔术社、音乐社、管乐社、啦啦队、动漫社、辩论社、足球社、羽毛球社、网球社、乒乓球社、航模社、双节棍社、吉他社、阳光电视台等 18 个社团。所有的活动都由学生自主管理、自主协调，所有的活动背后都是教育付出，都不是为了完成某项任务、应付上级某项检查。学生在活动中享受着成长的快乐，感受着校园的美好，体验到人生的价值，并主动愉悦地发展个性，努力成为对社会有用的人。

正因为在我们身边有一群人坚守在教育工作的第一线，在用心做教育，用心设计和引导，默默奉献，才使孩子们在高中阶段有了成长的乐园。

（4）率先垂范立教坛。

我近期的工作目标是“使学生学数学不再痛苦，带动身边更多的同事用心做教育”。我要通过努力，使我的学生将来学数学不会感到那么困难。我的工作室正在做一个课题，叫“高中数学作业分层设计的实践研究”。这个研究是根据学生的数学基础和接受能力，分层作业，分步到位，把学生的兴趣激发出来，让他们乐学、善学。另一方面，我想通过特级教师工作室平台，影响身边的老师，让大家一起来用心做教育，关注学生成长，提升教育理论，研究教学方法，探讨教学课例，研究教育课题等。在教育教学一线有许多接地气的课题素材值得研究，它与我们学生目前的学习和未来成长，与教师常规教学工作和专业发展，与一线教育教学工作都贴得很近、很紧。我期望在我的身边，能聚集起一大批热爱教育、乐于奉献、扎根一线、理论与实践密切结合的教育同仁。

附　录　珍藏梦想

1 采写文章

敢问路在何方

——记省级模范教师贾国富老师

秋高气爽，到处一片金黄，这是一个收获的季节。襄阳县一中五年五大步，1996 年高考再创辉煌。

38 岁的贾国富老师担任年级主任，又兼高三（2）班班主任和数学课教学任务。事事如棋，考场如战场。贾老师既是指挥员又是战斗员，他既要纵观全局又要一心扑在高三备考上。领导的行动就是无声的命令。在年级管理上，他大事讲原则，一视同仁；小事不计较，讲风度，讲谦让，求大同。在学生分班、课时安排等各种优待上，都是先考虑别班、别科，全年级一盘棋；他带头搞好学科教学，促进各科教研、教学活动深入开展；管好自己的班级，以良好的班风学风带动整个年级。

“领导就是服务”，这是贾国富老师在就职演说中讲的一句话，言简意赅。他是这样说的，也是这样做的。教师家中有婚丧嫁娶，他都要亲自上门；哪个学生家庭有困难，他了如指掌；教师们的全勤奖、学生的奖学金，他都亲自送到每人手中；教学资料的订发、油印等，他直接负责，井然有序，保证教学正常进行。高考前他顶着酷暑与王志全老师一起为学生批发营养品，购买救急医药品，分到各班，使同学们都能顺利地进行高考。大家有口皆碑：贾主任办事我们放心。

在高三（2）班学生家长会上，曹校长对师生提出了明确的奋斗目标：争取在 1996 年高考中过省线超过 30 人。然而，学校班级过省线最高纪录是28人，何况1996届毕业生整体素质不算高。任务艰巨，但他们毫不退缩。教室里“确保人人成才，力争个个升学”“努力拼搏，勇创一流”的横幅，激励着高三（2）班的师生奋发向上。

贾老师嘱咐同学们说：“升学不是唯一的成才之路，但祖国急需高素质的人才，我们要努力拼搏，刻苦学习，以优异的成绩迎接祖国挑选。二班每个同学都要有明确的学习目的和奋斗目标。”

他坚持以正面教育为主，深入细致地做好每个学生的思想工作。班上学生从高一起每人都有一本联系本，这是学生与老师和家长联系的纽带，联系本记载着每一个学生的心得、计划、思想认识、学习小结、班会演讲发言、各学期期中期末学习成绩等，记载着每个学生三年来走过的历程。在家长会上，一位家长风趣地说：“见到联系本如师亲临，我们一切放心。”

二班每学年都要刻一枚奖章，印在五角钱一本的作业本上，价虽廉，但同学们如获珍宝争相保存。一位同学说，每当遇到困难的时候看到它，就能增强克服困难的信心。

贾国富老师因材施教，使每个学生都能有所进步。他撰写的《分组教学　因材施教》一文，提倡在目前班级授课制下，划分若干个层次，用不同的教案和辅导方式，弥补班级授课制的不足。他在年级和班级管理、课堂教学中都贯穿了分组教学的思想，他的学生都是分组教学的受益者。一位学生在给他的信中写道：“分组教学法使我对枯燥无味的数学有了兴趣，高考得了高分。也是因为您的分组教学法使我感到教师神圣而伟大，所以填报高考志愿时毅然填报了华中师大……”

就这样，通过全体高三教师的辛勤耕耘和奋力拼搏，县一中在1996年的高考中再创辉煌，上省线人数达267人，取得全市第一！贾老师的梦圆了，露出了舒心的笑。

敢问路在何方？“路在脚下！”贾国富和高三年级全体师生开创了一条教书育人的成功之路，为襄阳教育谱写了辉煌的篇章。

（原载襄阳百名优秀教师风采录《烛光颂》，1996年9月）

无悔人生

——记湖北省特级教师贾国富

刚步入不惑之年的贾国富老师，已有24年教龄，在重点中学区一中任教也有16年了。他将自己火热的情和真诚的爱，像春雨般撒向了千万个孩子的心灵；他在三尺讲台上默默耕耘，在教育改革的大潮中勇猛冲浪；他把自己美好的青春年华，无私奉献给了襄阳的教育事业。2001年金秋，湖北省人民政府为表彰贾国富老师对党的教育事业的卓越贡献，特授予他人民教师的最高荣誉——“特级教师”称号。

（1）德高为范，清正廉明。

贾国富老师热爱祖国，热爱社会主义，热爱共产党和党的教育事业，教书的同时更重育人。从教以来，连续16年做班主任工作。他坚持正面教育为主，注意对学生政治素质、思想品德的培养，他的班主任工作经验多次在区内、市内交流推广。他坚持学习政治理论，认真学习领会“三讲”“三个代表”，并写下了几本学习心得笔记；他经常给学生讲解党的基础知识，请优秀党员到班上讲党课，收到了良好效果；他身体力行，实践“三个代表”重要思想，维护党在人民群众中的形象，使广大师生更坚定了永远跟党走的信念。

他勇挑重担，乐于奉献，模范带头，超负荷地工作。1992年9月，他中途接手了一个“问题”班。为迅速树立良好的班风，他操劳过度病倒了。贾老师的至诚爱心感动了那几个“问题”学生，他们自发地到病床前探望老师，并带去了老师期盼的礼物——改正错误的决心书。功夫不负有心人，“问题”班逐渐变成了模范班，高考创造了一中文科成绩的新纪录。由于积劳成疾，2001年12月他患了教师工作的职业病——椎间盘突出症，腰部和整个右腿剧烈疼痛，有时昼夜不能入眠。学校领导和老师们劝他休息治疗，但他仍坚持工作。他说，我这个病不是要命的病，疼痛算不了什么，影响了高考可是几十个学生一辈子的事。

他胸怀坦荡，奉公守法，清正廉明。他任年级主任或教务主任时，不仅教育教学管理得井井有条，而且严格执行学校的财经制度，涉及收支费用清楚、明白，老师们有口皆碑。他当班主任十多年，从不接受学生家长的任何馈赠。

学校分别在1991年、1994年、1996年上报了采写他的先进材料《在平凡的工作岗位上》《大胆创新　硕果累累》《敢问路在何方》。1994年县教委主编的《繁星》、1996年县教委主编的《烛光颂》专题刊物宣传了他的事迹。他在1994年被评为湖北省优秀教师，1997年被评为襄樊市拔尖人才，2001年被湖北省人民政府破格授予"特级教师"荣誉称号。

（2）学高为师，一代风范。

"千教万教教人学真，千学万学学做真人。"他教书育人，注重学生思想品质的培养，对学生一视同仁，关心爱护每一个学生；他循循善诱，使每个学生都能和谐发展，深受学生的爱戴。在他的教育心得中有这样一段话："爱自己的孩子是人，爱别人的孩子是神。对学生要求应严而有度，没有必要也不可能用成人的标准去苛刻要求他们。教师要用博大的爱心和极大的耐心教育、爱护、宽容和赏识他们。尊重学生，学生会更尊重你，你在学生中的形象会更高、更大。"在带1999届高二（2）班时，因少数同学上操动作慢，影响了上课，贾老师就在上课时批评了这些同学几句。第二天上数学课前，贾老师对同学们说："昨天，因为少数同学迟到，本可以在课余找他们谈话，可是我在数学课堂上批评他们，耽误了大家的上课时间，影响了同学们的听课情绪。我给全班同学道歉，以后一定注意。"在后来的一次学生座谈会上，一个同学说："那次，贾老师的批评没有什么不对，但他还给同学们道了歉，这事对班上同学们触动很大。大家认为，贾老师心胸宽广、严于律己，给我们作出榜样，我们应更严格要求自己，尊重师长。"他常说："要像对待自己的子女一样，真情关爱学生。对学生要多一次耐心说服，少一次简单训

斥，独生子女容易被感化，更容易形成情绪对立；多一点慈父宽容，少一点苛刻挖苦，正因为他们还不成熟，所以才需要学校教育和关怀；多一点亲近关心，放一点架子；多一点温暖，少一点冷漠。”

他坚信“天生其人必有才，人生其才必有用”“人人有才，人无全才，扬长避短，人人成才”的教育理念。在带1996届高二（2）班时，班上有一个姓尚的男生，性格倔强、暴躁，多次与同学打架，屡教不改，学校已给过警告、记大过、劝其退学等处分，这次学校拟定给其勒令退学处分。他父母对他更是无计可施。学生的父亲苦苦地哀求贾老师：“请老师帮忙找学校领导求情，再给孩子最后一次机会！”为这个学生，贾老师已费尽了心血。但是他考虑到，如果学校将学生推出校门，则他可能很快误入歧途；如果教育得法，则可以成为有用之人。他便对家长说：“你们的心情我可以理解，但关键是学生自己要诚心认错，并下决心彻底改错。”在老师的教育和家长的配合下，学生进行了书面与口头检讨，态度还算诚恳。贾老师因势利导，对这个学生说：“国有国法，校有校规。你屡教不改，本应勒令退学，但考虑到你父母一片苦心，你也诚心改错，我答应去向领导说情。这次打架是那个体育生找到你们寝室且先动手的，主要责任不在你。如果学校领导再给你一次机会，万望珍惜！”一席感人肺腑的话语像春雨滋润了孩子的心田，一盏明灯照亮了下一代的前程。在老师、家长和同学们的帮助下，该生幡然醒悟、痛改前非，毕业前没有再犯错误，学习十分努力。后来学校撤销了对他的处分，他也以优秀的成绩被重点大学录取。

贾老师用自己的心血谱写了一篇篇感人的育人乐章，他的先进教育思想、成功的教育方法和高尚的师德像光芒辐射四方。他对青年教师从工作上、思想上予以关心帮助，新老结对，言传身教，为学校培养了一批德才兼备的教学里手和优秀班主任。其中，经贾老师直接指导的高群安老师，能较快地适应重点中学教学，教学严谨，关心学生，深受学生欢迎；王启冲老师走上教学岗位后，经指导在教学、教研能力等方面进步较快，能胜任两个班的教学任务还兼班主任工作，成为教学骨干；在贾老师的指导下，数学组教学严谨，教研风气浓厚，每年都有十多篇教研论文获市级奖励。

桃李满天下，丹心报春晖。1991 年他带的高三（4）班教育教学成绩在平行班中名列第一，数学高分人数是其他班的两倍。1993 年他教的高三（1）班文科学生数学成绩全市第一，创校史纪录，龙明涛同学以 628 分的高考成绩夺得襄樊市文科状元、湖北省第三名。1996 年他带的高三（2）班班风正、学风好，总分过省线 42 人，过重点大学线 26 人，全班都过了最低录取控制线，在襄樊市遥遥领先，实现了他“确保人人成才，力求个个升学”的夙愿；刘勇飞、李育辉同学分别考入清华、北大，又创一中历史最佳水平。他的教育科研论文《更新备考观念　培养拔尖人才》在县教育工作会议上宣读，对于高考备考具有重要的指导意义。他提出的“全校上下精诚团结，协同作战；转变备考观念，注重培优；以人为本，教书育人；真情关爱，严谨治学；恰当标高，重在落实”的备考策略在 1999 届付诸实践，并取得辉煌成果。他所负责的 1999 届学生，教育管理和高考成绩创一中有史以来的最好水平，录入“三大校”9 人，过重点大学线人数名列全市第一，为高校输送了大批拔尖人才；他直接带的高三（2）班成绩突出，总评成绩第一，胡红涛、张少良、范莹莹同学三人被录入北大、中科大，其中胡红涛同学在高中毕业前入了党。

有人问贾老师：“您觉得最幸福的时刻是什么?”他毅然回答：“我最幸福的时刻是看到自己的学生接到高校录取通知书时高兴的情形，听到他们在高校学有所成或在工作岗位上事业有成的捷报传来的时候。”的确如此，他珍藏的最宝贵的东西是三部装有历届学生照片的影集、四箱历年学生寄送的贺卡和信件。考入华中师范大学的吴金宏同学，到高校报到后的第一件事，就是给贾老师写了一封发自心底的感谢信，她在信中写道：“贾老师，是您的一句‘谁笑到最后，谁就笑得最好’，伴随我在情绪低落、成绩下降时增强信心，战胜自我，走向辉煌；是您博大的胸怀和高尚的人格魅力感染了我，

使我选择了教师这个天底下最光荣的职业。我衷心祝愿敬爱的老师一生平安，事业蒸蒸日上!”

（3）执着追求，大胆创新。

贾老师既是素质教育的推行者，又是教育改革的实践者。他始终站在教育改革的前列，执着地追求着。他经常组织、参与县/市数学教研活动，成效显著。他在1992年获县优质课第一名、市优质课一等奖，1994年、1996年所讲研讨课被定为高三复习示范课，1997年获市优秀教案一等奖；他是襄樊市数学学会理事，每年都要组织和参加一年一度的襄樊市数学学会年会和数学教研会，有三十多篇学术论文在市、省级学术会上交流并在刊物上发表，其中有二十多篇获奖；他通晓本学科大纲、课程体系和内容，命题能力强，多次为区、市统一考试命数学试题。

他在教学实践中，勇于进取，大胆创新。经过1991届、1993届四年的教改对比实验尝试，他总结出有自身特色的分组教学法：将学生按接受能力、智力水平、知识基础综合评价，划分为若干小组，分别提供与之相应的教学方案，并加强分组辅导、个别指导，分别评估，及时反馈、调整教学方案，弥补了班级授课制中“优生吃不饱、差生吃不了”的现象，使教学质量大幅度提高，经验在全县交流推广。他采用的“百题无差错”“温故知新”的思维训练方式，以“小步调、高频率、严思维”为特色，对学生逻辑思维能力、运算能力的提高效果显著，此方法在校内、县内推广使用；他大力推进素质教育，科研论文《因材施教　优化素质教育主渠道》在教育界引起极大反响。他强调课堂教学是素质教育的主要渠道，素质教育不是削弱课堂教学去增加课外活动，而应是优化课堂教学，教师循循善诱，师生互动，促进学生主动发展。

他不断充实自己，是终身学习的典范。他说，在这知识爆炸的信息时代，一天不学习就要落后。他不断地用新理论、新知识、新技术武装自己，不断更新和拓展学科基础知识和学科前沿知识，不断提高教育科研能力、自身创新能力和实践能力。他的求知欲强烈、思维敏捷，毫不逊色于年轻人。通过自学，他很快掌握了电脑操作技术，能熟练地制作各种文档和多媒体课件等，并应用于课堂辅助教学。

通过国家级骨干教师培训，他如虎添翼，全面地掌握了国际教育发展趋势及我国教育概况，在南京、上海、广州等地实地教育考察之后，挥笔撰写了6 000多字的教育考察报告《我国基础教育的曙光》，被收入襄樊教育文集。他掌握了全新的现代教育技术和与创新教育相适应的教学方法。最近，他畅谈课堂教学艺术的论文《浅谈数学课堂教学的语言艺术》又荣获襄樊市科研论文一等奖。他的一篇体现新的教育理念的教学设计“函数与方程思想”课例，从情境引入激发思维、教师善诱学生勤思、师生互动启发认知、渗透思想品德教育等方面作了深入的探讨，得到教育专家罗增儒教授的赞誉。在陕西师范大学，他为2002届应届毕业生所作的“做一个深受欢迎的数学教师”专题报告中，将先进教育思想和具体教育实践紧密结合的精辟论述，引起了未来教育同行的共鸣。

他倡导教育使学生和谐发展、全面发展。他亲自组织学生参加课余兴趣活动，主编了《数学辅导》报作为数学课外读物，对培养学生的学习兴趣和能力起到了重要作用。1998年，他亲自策划了数学高考备考用书《高中数学复习指导》，结束了一中数学组备考使用他人所编教材的历史，为一中数学教学和学校教学质量上台阶作出了重大贡献。他积极参加数学竞赛辅导，成效显著，所辅导学生中有四十多人获省级以上奖励，其中胡红涛同学于1998年获国家一等奖。他多次被市教研室授予“优秀辅导员”称号。

他由于教育科研成果显著、教育工作业绩突出，1999年被襄樊市教育局授予“教育科学研究先进工作者”称号，2000年被评为国家级骨干教师，2001年被评为湖北省特级教师、襄樊市学科带头人。

（4）与时俱进，开拓未来。

精心育苗洒热血，衣带渐宽终不悔。贾国富老师用自己的行动谱写了一曲无悔的人生凯歌，为党的教育事业作出的卓越贡献，得

到了社会的赞誉和尊重。县、市级以上的“优秀教师”“模范班主任”“拔尖人才”“教育科学研究先进工作者”“骨干教师”“学科带头人”等荣誉称号接踵而至。

面对一封封从高校或工作岗位寄来的感谢恩师的书信，一张张慰问恩师的贺卡，一摞摞反映事业成功的奖状，一堆堆记载开拓创新坚实足迹的证书，贾国富老师却并不满足。他的又一篇素质教育研究论文《透视和反思应试教育》即将公开发表。他说：“荣誉属于过去，未来还需开拓。”“二十一世纪充满竞争、充满信息，同时也充满机遇。我们这一代人肩负着光荣的历史使命，任重道远。”

成功，是一道美丽的风景线，也是一个新的起点。他打算在今后教育改革的征程中，率先垂范，做先进教育观念的传播者、科学教学方法的实践者，以身立教，与时俱进，勇于创新，开拓未来，为中华民族教育事业的兴旺发达而鞠躬尽瘁，谱写新的辉煌！

（原载襄阳内刊《科技之光》，2002 年 6 月）

与时俱进　十年垂范

——记南粤优秀教师贾国富

十年前，他参加了中小学骨干教师国家级培训，沐浴了时代的洗礼。教育改革的劲风把他吹到了南国，他带着先进的教育思想和理念，与一批教育志士一同投入广东教育改革的大潮。2002 年 8 月，他踏入黄埔这块热土，融入了广州市第八十六中学。从此，黄埔教育揭开了新篇章。他就是广州市第八十六中学特级教师、南粤优秀教师贾国富。

十年来，以贾老师为代表的八十六中人，“对民族未来负责，为学生终身发展奠基”。一路走来一路歌，交给了黄埔人民一份份满意的答卷。

2012 年 9 月，贾国富老师荣获“南粤优秀教师”称号

2005 年，贾特送走了他在八十六中带的第一届毕业生，当年史无前例的高考辉煌，佐证了八十六中人运用先进教育理念实践的成功。大家记忆犹新，那届他带了两个班的数学课，还兼数学科组长、备课组长、物理班的班主任。现在，老师们提起那届的高考情况还感慨不已。2005 年，贾老师被评为“广州市优秀教师”。

十年如一日，他兢兢业业，任劳任怨，一路陪伴着八十六中蒸蒸日上。他以身作则，满负荷工作，每个学期带两个班的数学课，还兼班主任或年级长、学校学术委员会委员、黄埔区教育学会数学教研会理事长等工作。他始终坚持在教育教改实践工作的第一线，为教育教学研究获得直接的感性材料。

他见证了八十六中连续八届的高考辉煌，直接参与四届，两届担任班主任，两届担任年级长。他的工作业绩在八十六中有册可查。2012 届，贾老师带领的团队，在各级领导的关怀下，协同作战，“三年一贯学为先”，一路“乘风踏浪绕浅滩”，以人为本，高考成绩再创新高。总上线率 99. 5%；本科上线率 71. 43%，突破 500 大关，共 510 人；重点有所增长，达 91 人，重点率 12. 75%；高分有

所突破，600 分以上 58 人，650 分以上 2 人。黄埔区教育局长张灿华，用“不简单，不容易”高度概括和赞扬了八十六中 2012 年高考辉煌成果。

德高为范，教书育人，贾老师注重学生思想品质的培养。十年来，他把全新的教育思想、理念和学校教育实践有机结合起来，转变思想，积极探索，独树一帜，促进学生全面发展，收到了显著成效。

他善用脍炙人口的箴言激励师生：

新学期，新举措，师生共进，洒汗才能收获；
高标准，高要求，教学相长，拼搏方能成才。

（在一次高二下学期学生表彰大会上的报告）

他常赋朗朗上口的诗句启迪学生的心灵：

胸怀大志学为先，步步为营勤修炼。
百尺竿头进一步，华山论剑在明天！

（在一次惠州联考学生表彰大会上）

他循循善诱，关心爱护每一个学生，亦师亦友。注重对高考前学生焦虑心理的疏导，用简洁的语言陈述深刻哲理，驱散孩子们高考前的愁郁：

反复模拟炼成钢，高考从容如平常。
备考纵然千万难，师生风发斗志昂。
狭路相逢勇者胜，深挖潜能一气成。
查漏补缺返归真，最后笑声更迷人。

（在一次广州市第二次模拟考试前）

学高为师，在教学实践中，他勇于进取，大胆创新。在教学工作实践中，总结出有自身特色的分组教学法：将学生按接受能力、智力水平、知识基础综合评价，划分为若干小组，分别提供与之相应的教学方案，并加强分组辅导、个别指导，分别评估，及时反馈、调整教学方案，弥补了班级授课制中“优生吃不饱、差生吃不了”的现象，使教学质量大幅度提高。为发挥自己教育教学方面的优势，辐射周边，他还参加了“黄埔区教育讲师团”，利用课余时间到其他学校开展讲座，促进非重点学校教育教学的发展。

在教学中，他带头使用现代化教育手段，将多媒体与课堂教学有机整合，取得了很好的效果。他建构了数学教学网站“贾老师数学教育”，与年级教育教学同步，与高考接轨，开阔学生视野，充分利用网络辅助教学，资源共享，广泛辐射。

在教育改革的征程中，贾国富老师既是先进教育观念的传播者，又是科学教育方法的实践者，率先垂范，以身立教，与时俱进。

（原载黄埔教育信息网，2014 年 10 月）

全国模范教师贾国富：守望人生大舞台

数学老师爱写诗，贾国富老师一年赋诗几十首，内容多与教学教研活动有关。比如“教育前沿身力行，与时俱进带头人。科研课题常引领，南粤杏坛尽同仁”，写的是贾国富作为特级教师工作室主持人对自身的定位和对教育的情怀。

从教 40 年，令贾国富引以为豪的是，他始终在教学的第一线，“守望教育，有志者来”。三尺讲台，是他人生的大舞台，让许多人敬畏。教师的崇高在于甘为人梯和默默付出，40 年的坚守，送走的弟子万千，贾国富还是坚守在那三尺的地盘。

“课题研究一年半，中期成果也灿烂。分层作业生为本，有志者来筑信念。”贾国富自认写的是打油诗，他一直保留着这份热情和教

育情怀。

（1）已届中年，犹如新生。

2002年，贾国富作为人才被黄埔区引进，从湖北襄阳县一中调到广州市八十六中。那时，贾国富在襄阳县一中已是名师，到了八十六中一切又从头开始。从荆楚大地到南粤这片热土，已届中年，犹如新生。

不一样的讲台，一样嗷嗷待哺的学子。贾国富经常带两个班的数学课，还兼班主任或年级长，只要跟学生在一起，他就感到踏实。他说，教育不仅是在教知识，讲台不止三尺，而是人生的大讲台，是要对学生的一生负责的。

“培养教育人和种花木一样，首先要认识花木的特点，区别不同情况给以施肥、浇水和培养教育，这叫‘因材施教’。”贾国富说，要认识学生存在的差异，了解每一位学生，让每一位学生受关注、受尊重、受教育、有成长。他把学生差异当作教育资源，把因材施教作为他教学生涯永恒的课题，设计了分层教学的模式。用分层作业解决优生“吃不饱”、中层学习能力的学生“吃不好”、基础较弱的学生“吃不了”的矛盾。“数学老师一定要严格控制作业数量，精选习题。老师要下苦功多做功课，而不是用题海来为难学生。”

“时间不够用，事情做不够。”精心育苗助成长，俯首甘为孺子牛。送走一届又一届的学生，有不舍，更多的是欣慰。贾国富那笑容常驻的脸上，写满他对未来的寄望。

（2）学生只有差异，没有差生。

在贾国富眼里，他的学生只有差异，没有差生。他人生的价值就在于发现这些差异，并通过教育填补学生迈向社会的鸿沟。教书先育人，学生有好的品行，才会有更好的学习成果。承认差异，发现差异，因材施教，贾国富的心思都在教研和学生身上。

贾国富记得他教过的许多学生。其中有一位叫张泽颖的同学开始数学成绩一般，后来主动要求当数学科代表，贾国富同意了。后来这位同学通过努力成为数学尖子生，还充当小老师主动帮助其他同学。

"只要给予足够的关注引导，每一位学生都能做得更好。"贾国富认为，只要有阳光，每一棵苗子都能茁壮成长；只要有雨露，每一棵苗子都能花开烂漫。

教学，首先要懂得学生，教师要懂得教，也要与时俱进去学，要承认不同学生的差异、不同时期的差异。学生在变化，老师也要成长。贾国富执教生涯都在讲台，面对一批批的新生，他自己也不断获得新生。他为许多有潜质的老师千方百计离开讲台感到惋惜。"讲台是老师安身立命之本。"教室的讲台虽只有三尺，但它延伸的却是人生的大舞台，连接的是教育者的情怀，是社会的未来。

贾国富坚守着他的大讲台，师生和社会不断给他回馈，许多毕业的学生给他写信、寄贺卡、打电话，表达对几年相处的怀念和感恩。广州市优秀教师、南粤优秀教师、全国模范教师等荣誉接踵而至，没有太多刻意的期待，只要潜心付出，一切来得自然而然。

（3）有品格的教育，不会只盯着分数。

贾国富所带的年级高考都取得了优异成绩，获得广州市毕业班工作一等奖，所在的八十六中连续12年获得毕业班工作一等奖，而他却说："有品格的高中学校绝对不会只盯着高考，有品格的教育绝对不会只盯着分数。"

教育是塑造人的灵魂的伟大事业，是心灵与心灵的沟通，是灵魂与灵魂的交融，是人格与人格的对话。没有对学生的人文关怀，就很难有持久的教学成果。"守望教育，有志者来。"

要让学生在学习和校园活动中，享受到成长的快乐，感受到校园的美好，体验到人生的价值，并主动愉悦地发展个性，力争人人都能成为对社会有用的人。贾国富就是怀着这样的教学理想和情怀在南粤黄埔这片土地上筑梦。

贾国富自称"个头不高，水平不高"。就是那小个头释放着大能量，就是"那点水平"凝聚着守望教育的有志者。贾国富特级教师工作室名师济济，成果丰硕，他们都是来自各学校的翘楚，坚守对

教育的情怀，在教坛上各领风骚。

有一大批中青年教师受益于特级教师工作室平台，迅速成长为教育教学骨干。贾国富作为广东省、广州市高评委专家和广州市教师继续教育培训专家，一直在为培养高素质的教师人才作出自己的努力。

在教育教学一线有许多接地气的课题素材值得去研究，这些素材与学生的学习和未来的成长、与教师常规教学工作和专业发展、与一线的教学教改都贴得很近、贴得很紧。

即便再过一年就将退休，贾国富却没有停止对教学教研的探索。他与时俱进，在教育教学中，带头使用现代化教育手段，将多媒体网络平台与教师培训和课堂教学有机整合。他一直关注着教育信息化的发展变化，在教育战线上，他一直焕发着青春。

(4) 讲台让他的人生更丰满。

校园是他的天地，教学是他的全部，讲台让他的人生更加丰满。他作客广东电视台现代教育频道，谈得最多的是为人师表、敬业爱生。他说，教师这一职业角色和职能，要从传统的“传道、授业、解惑”转变为教育活动的组织者、设计者与合作者。他面向学生人生的大舞台，与学生一起导演着未来。

“对学生负责，意味着对学生终身负责，教学几年，却要对其几十年发展负责。要精心打造学生适应未来社会生活和竞争的核心素养。”贾国富认为，教师要养成反思的习惯，不断反思教育、反思教学行为、反思教学方法、反思教学思想。要不断反思自己的教学成果，要把民族精神、社会责任感、科学与人文素养、创新精神与实践能力贯穿到教学活动中。“那种只注重学生眼前成绩和考试名次的态度和行为是不负责任的。”贾国富在反思中坚守，苦乐同行。

“教师是太阳底下最光辉的职业。”这不仅是一句口号，更体现在具体的教育行为中。贾国富班里的一位同学因打架面临被学校开除的处分，他得知情况后反复与家长及学校沟通，并与学生深入谈心，最终保住了学生的学籍，这名学生也发生脱胎换骨的变化。“我们不能轻易把一名‘问题学生’推向社会，这是对学生不负责任，对社会不负责任，也是对老师自己不负责任。”

为人师表，敬业爱生，贾国富认为老师要用自己的人格魅力去影响周围的人，要先完善自己的人格，提升个人的修养。他在坚守教育工作第一线的同时，也在坚守自己对教育的情怀。

数学老师爱写诗，坦率地说，贾国富的诗并不是无可挑剔，但他情怀不减，乐此不疲。“胸怀大志学为先，步步为营勤修炼。百尺竿头进一步，华山论剑在明天！”他用这些诗文去启迪学生的心灵，让他们多一些人文认知，也多一份情怀。

教育是以心换心、以爱唤爱的历程。贾国富老师把毕生的精力交给了教育，讲台也给了他多彩的人生。贾国富从教 40 年，扎根黄埔 15 年，他与教育和南粤这片土地结下了深深的情缘，他在挚爱与坚守中写下了《南粤教缘》：

地北天南，登高望远。绿水青山，碧海蓝天四季暖。
域广州宽，海纳百川。南粤教缘，同仁携手诗百篇。
盛世华诞，群星璀璨。百花满园，羊城教育迎春天。

（原载《香雪》文学期刊创刊号，2017 年 7 月，作者：黄埔区作家协会副主席余峻才）

2. 同行评价

心田绽开春花　芳草绿遍天涯

——记全国模范教师贾国富

韩石山是这样评价林徽因的：一个中国的杰出知识女性，在碧海蓝天之间，款款地向我们走来，我们感到亲近，感到震惊，也迎

着她走过去，然而，不管她怎样不停地走来，也不管我们怎样不停地迎着她走去，我们永远也走不到她跟前。

在我的眼里，贾国富老师就是这样的学者。先生在专业方面的高度，是很多人难以企及的，很多的问题在他那里都已融会贯通，得心应手而绝无矫揉的痕迹。初见先生，是在 2014 年 6 月底，先生带着八十六中数学科组的老师来南沙一中考察，先生的温文、儒雅和大度是给我的第一印象。作为东道主，我代表我校数学科上了一堂高一的试卷讲评课，课后先生对我的课给予了极高的评价，更令我感动的是——事隔两天，先生还给我发来了信息："夏风轻拂南一中，小马呈课显轻松。师生和谐突主体，顺势诱导达成功。"这对一个年轻教师是多么大的鼓励和支持啊！

后来通过微信了解到先生从教 30 多年来获奖颇丰：1994 年获得湖北省优秀教师称号，2001 年被湖北省授予特级教师荣誉称号，2005 年荣获广州市优秀教师称号，2012 年被评为南粤优秀教师，2014 年被评为全国模范教师……先生教书育人，循循善诱，对学生一视同仁，用博大的爱心和极大的耐心教育、爱护、宽容和赏识每一个学生，深受学生和家长的爱戴。

时至今日，先生广博而深邃的敏锐性仍使我惊叹不已。他以其敏锐的洞察力和博大的爱为教育事业留下难以磨灭的痕迹。我愿先生永远健康幸福。

（广州市南沙第一中学教师马俊钦写于 2015 年 9 月）

您是我心中举旗的大哥

——致贾特

远远地望，
您是人前的旗手，
您高举信念的大旗，
引领一群逐梦者，
步履铿锵，
在圆梦路上执着前行！

近近地瞧，
您是身边的大哥，
您儒雅敦厚，
心胸开阔，
三言两语话不多，
入耳暖心窝！

您是特级教师，
您是全国楷模，
您是我心中举旗的大哥！

（广州市第八十六中学高级教师高海燕写于2016年夏末）

行为世范　引领春风

——记教师专业成长的引领者贾老

在我们学校，你总会听到大家亲切地喊“贾特”，他就是获得全国模范教师殊荣的数学特级教师贾国富老师。他的模范作用，绝不仅仅在学术上。在他身上，总散发着无限的正能量，引领我们走在教育改革的前列。

他对教育的热爱和高度的责任心常常感动着我们，学生亲切地喊他“贾爷”，青年教师称他为“贾老”。虽早已年过半百，但他在开办特级教师工作室或兼任年级长、班主任的同时，仍然一直坚持带两个班的数学课，坚守在教学工作第一线。上了年纪的他腰部旧疾发作时疼痛不已，却总是咬牙坚持，经常是腰部绑着两块夹板坚持上班。有一次我见他艰难地扶着桌子从座位上站起来，便问他：“您生病了怎么不休息一下，这样了还来上班?”他只是不以为然地一笑：“老毛病了，没什么的!”虽然是一个经验非常丰富的老教师，但是他还是认真落实教学的每个环节。每次单元测验，他总要进行一番详尽的分析，把试卷的题目都进行变式，再改编成另外一套题目给学生反复练习。对于学生的问题，他总是利用休息时间进行解答，从不计较得失。

虽年近退休，贾老师却是一个非常“时尚”的老师。他总是孜孜不倦地学习新知识，与时俱进。当我们一帮年轻教师还没有学会用几何画板画图的时候，他已经可以开设网站，教大家学习几何画板的课程，并且举办几何画板课件制作的讲座。当我们还不习惯“博客”这个新名词的时候，他已经有了自己的博客，有了自己的教育网站。对于美图等照片编辑工具，更是运用自如。每次活动，他在当天就能把照片编辑成一张画报，效率之高，让人咂舌。他不仅熟练各种电脑操作技能，还是个“诗人”，每次活动，他都能即兴赋诗一首，并且编辑在他的画报中，这已经成为他的习惯，让我们赞叹不已。在成立“贾国富特级教师工作室”时，他竟为工作室二十六位成员各赋诗一首作为成员介绍，说他是个才子也绝不为过。

作为一位优秀的教育工作者，他总是用他的正能量辐射着我们，用他的优秀引领着我们八十六中数学科组，培养着一批批年轻的教学骨干。他并不因为“功成名就”而停下前进的脚步，而是把自己毕生所学倾囊相授。为了带动大家搞教研，他成立了贾国富特级教师工作室，将一大批中青年教师吸纳进来，引领他们在教育科研中快速成长。他带领我们走访了南沙一中徐辉老师的省特级教师工作室、仲元中学谭曙光老师的省特级教师工作室、广州市第六中学严开明工作室、海珠实验小学郑贤工作室、珠海市崔雅儒教师工作室、肇庆市六中梅莉名教师工作室等，遍访名师，吸取众长，借鉴别人的先进经验，规划、总结、反思自己的工作室建设。每个学期，他都要组织工作室开展好几次课例研讨活动，进行同课异构或者课题研讨，课后再组织我们进行反思、课例点评，每次都要形成书面总结。他不仅把这种教研活动面向本校，还向全区推广，带动了全区的数学教研活动，激发了老师们的教研积极性。为了带领我们搞课题研究，他申报了区课题“高中基础年级数学作业分层设计的实践研究”，并扩展到市课题和省课题。每次的申报书、开题报告、活动策划、成果汇报、论文撰写，他都总体把控，亲自指导，不遗余力。他教会了我们如何脚踏实地，仰望星空。

记得颁奖那天，他拿回来了那枚闪闪发亮的“全国模范教师”奖章，我们都围着他，把它拿到手上掂一掂，沉甸甸的，这凝聚了他多少的心血啊！“贾特，你好厉害！我们好佩服你啊！”我们由衷地说。贾特只是谦虚地笑笑：“我只是幸运啊！可能是看我年纪大了给我颁的奖，呵呵，趁我还没退休，再好好干几年，把你们这帮年轻人带一带！”多慈爱的贾特啊，我看着他花白的两鬓，心里涌动着无限的感激。

德高为师，艺精为范，在他身上得到了很好的诠释。我们感恩有这样一个前辈的引领，敬佩这样一位为教育事业付出毕生心血的老师，向贾老致敬！

（广州市第八十六中学高级教师、数学科组长陈少婉）

远·近看贾特

——真实的贾特

我回忆起我们共处的点滴，希望捕捉到稍纵即逝的影像。就让我试着从几个不同的角度，由远及近，带大家走进您的世界。

（1）作为同事，我眼中的您。

学校在评价老师时，常用“德、能、勤、绩”进行。以此为线索：

德——曾有一位老师因工作调动，在全校大会道别时讲道：“在贾特身上，我懂得了什么是德才兼备，什么才是特级教师的胸怀……”当时和您并不熟悉，但这句话让我印象深刻。是什么能让一个即将离开的老师有如此感慨？后来，在与您相处的一件件小事中，在看到您获评第一届感动八十六中人后，我渐渐明白了这句话。

能——您强大的综合能力，既表现在教学的高水平，也表现在管理的得心应手。2007 年开始，您担任了年级长一职，还要肩负两个班的教学，工作任务之重可想而知。但您兢兢业业，以身作则，硬是把年级管理得有条不紊，通过各种活动，既拉近了师生关系，又激发了学生学习热情，使高考再创佳绩。

您有自己的个人网站，虽身兼多职，却能坚持维护，不断更新。里面有教学资源，有学法指导，还有和学生的真实交流。年过半百的您总有着充沛的精力，不断学习，与时俱进，走在时代的前沿。在处理各种事情时井井有条，优质高效。

勤——您的优秀离不开认真、勤勉。每一天您都会早早来到学校，用心工作。为了帮助学生，您牺牲自己的课余时间，甚至午休，用来批改作业、试卷……在担任年级长时，坚守学校，遇到问题从不推脱。“正视困难，积极处理”是您处事的原则。

绩——您在教学上的业绩不胜枚举，在您的教导下，学生的优秀已成必然。在 2015 年广州市二测中，有一位学生进入全市前十名，这难得的佳绩，与您的教导息息相关。您的荣誉连连，不正从另一个角度说明您丰厚的成绩吗？

作为同事，所见角度有限，那下面让我们把镜头拉近一点，从备课组内部看看您更细致的一面。

（2）作为备课组长，我眼中的您。

我们备课组成员实力雄厚，有校长——赵校，有全国模范教师——您，还有资深高级教师、原备课组长——黄新老师，我在里面资历最浅。但我很高兴地看到，备课组老师对于我的安排和备考策略，都十分支持并配合。通过在备课组的接触，我发现您务实肯干，甘于奉献。高三复习任务繁重，需要印发大量学习资料。在第三轮复习时，有一个重要环节——知识梳理，回归教材。在我们共同校对资料时，您把每个知识点、每一道习题细细地核定，包括修改意见、习题的答案，都完完整整写出。这是怎样严谨认真的作风？在这背后，一定是一颗为学生高度负责的心！已经不记得有多少次，您牺牲中午休息时间，为学生批阅作业，给指导意见；也不记得有多少个夜晚，您坚持为周测全批全改，认真高效……日复一日，只有那伏案的身影和疾飞的笔锋凝固在逝去的时光里。

虚怀若谷，乐于助人。不管是作为区内稀缺的"特级"，还是市里少有的"全国模范"，耀眼的光环和头衔并没有带给您一丝傲气。相反，您仍然低调地做着平凡的事，教着平凡的学生，谦虚如故。众所周知，艺术班的许多学生自负、任性、不爱学习。当学校安排您任教艺术生时，您没有怨言，哪怕肩上已经扛着名师工作室，扛着另一个重点班的教学重任！高三备考紧张有序，每次备课组会议上，您和包括我在内的另外三个老师一起交流备考经验，畅所欲言，毫无保留。当面对不同意见，您会及时给出指导，不失专家气度，同时又给予彼此足够的尊重。我们同心协力，奋力推进，备课组稳健地走在上升的轨道。看着学生状态的改变、成绩的进步，我们都深感欣慰。

（3）从师徒角度来看，我眼中的导师。

记得参加工作的第二年，为了帮扶青年教师更好成长，学校延

续了青蓝工程，安排师徒结对，您就成了我的导师。我很庆幸有您这样一位德高望重、敬业爱岗的好师长。一直以来，除了留守高三的个别学年，我们都在同一个年级、同一个办公室。您以身作则，对工作认真负责，对同事关心包容，树立了一个很好的榜样。因工作忙碌，您在教学技巧和方法上给我的指导也许不多，但不可否认，您的品格，潜移默化地影响着我这个青年教师的成长。

您老当益壮，承担了特级教师工作室主持人工作，还坚持带两个班的数学课。您是最接地气的教育一线专家，您亲手制定工作室的规划、制度，管理工作室网站等，构建教师成长平台。您亲自给年轻教师作教育专题讲座、主持课题，引领教师专业成长。您手把手地教会我们摩课例、做课题、写论文、编文集等。

因为近距离，我看到了您的腰椎不好。长期伏案工作，椎间盘突出成了难免的毛病。您去治疗，电波、针灸、针刀都试过，饱受病痛煎熬。我甚至很愧疚，不能给您分忧，只能在工作上多做一些，给您减轻一点负担。有一段时间已经有了好转，但高三您和我们一样，一直坚持高强度工作，身体终于还是吃不消了。连续的针药下去，不到一个月体重居然下降了10斤！您一定要好好保重，可不能这么任性！

这就是真实的您，与时俱进，名师风范，德高望重。一个与众不同的贾特，一个我们衷心爱戴的贾特。

（广州市第八十六中学一级教师陈石鑫）

3 学生反馈

在多年的教育生涯中，我习惯与自己教过的学生保持联系。一方面可以跟踪学生的发展情况，交流思想心得；另一方面可以通过与毕业的学生交流，听到他们的真实想法，了解他们对教学的意见和建议，这有助于改进教学和教育方法。与学生保留联系的方式，原来是通过信件和网上同学录、电子邮箱，现在主要是手机、QQ、微信等，每个班级都建有 QQ 群和微信群。现摘录三篇学生由邮箱和微信反馈的对我的回忆与评价。

金玉良言　独具匠心

——回忆贾老师的教学风格

贾老师默默耕耘，独具匠心，精心栽培，只为祖国多栋梁，宁可心操碎。作为贾老师的一名学生，在高二、高三的学习旅途中，我深刻体验到了贾老师有效的教学方法。初上高二，我的数学成绩并不算理想，高一各种大大小小的考试，数学成绩始终徘徊在 100 分左右，但是贾老师带我们班之后，130 分便成为我数学考试的“及格线”，这很大部分要归功于贾老师分层教学的方法。接下来，我将从几个方面回忆贾老师的教学风格及方法。

(1) 教学分层都受益。

自高二开始，贾老师便始终贯彻分层教学的思想，因材施教，使全班每个同学各有所获。具体而言，他将全班同学分成了 A、B、C 组。对于班级中数学能力较为拔尖的同学（C 组），贾老师建立了数学潜能训练小组，每周出试卷，题目经过精挑细选，偏于灵活性，具有挑战性，但是每道题目都会反映出一定的技巧和方法，不会过于刁钻，旨在培养这部分同学做难题的题感和提高他们的做题技巧。潜能训练的效果的确不错，在高二的长期积累中，班里面有部分同学的数学能力得到进一步提高。对于基础中等和较差的同学（A 组和 B 组），贾老师也定期出卷子，题目以基础题和中等题为主，适当延伸，主要锻炼同学们对基础题、中等题的熟练程度，培养他们的学习兴趣，保证基础题不失分。经过长期积累，部分基础差的同学数学成绩得到提高且趋于稳定，不会出现过大的波动。在这种分层

教学思想的指导下，班级绝大部分同学的数学成绩都有明显提升。就我而言，我对考试压轴题的恐惧逐渐消失，反而更积极地去挑战这些题目，前面的基础题也越做越快，得分更加稳定了。

（2）小组学习促进步。

在“互帮互助，小组学习”的氛围下，同学们经常讨论交流，互相帮助和促进，加深了对问题的理解，增强了学习兴趣。整个高三，贾老师增加了课堂上同学之间的交流与互助的时间，注意让部分优秀的同学更多地帮助落后的同学。同时，我们通过对题目的讲解，自身对知识点的掌握与理解在这个过程中也逐步深化，摆脱了一知半解的状态，真正做到了共同进步。分层学习，科代表的工作似乎要忙一些，但看到同学们在不同的组内都有进步，一些同学还可以晋升组别，我们的劲头更大了。百舸扬帆竞自由，乘风破浪去远航。我们各学习小组在课内课外合作讨论、探究问题，反思课堂上的得与失。这样的学习小组增强了同学们之间的凝聚力，培养了同学们与人合作、互帮互助的美德。

（3）挖掘潜能见成效。

高三是一个忙碌的时期，每个学科都处在积极而紧张的备战状态中。而贾老师并不会停下让我们做数学题的脚步，因为他认为，做题加上题后的反思是复习数学的最好办法。因此，他每天都注意收集各地模拟考试、调研考试卷中优秀典型的题目汇成小试卷，让我们每天都能适量地做数学题，通过做题复习与反思知识点，保持题感。贾老师举办的“潜能训练班”独具特色，他把各班爱好数学且学有余力的同学组织起来，利用课余时间进行潜能训练。训练题由浅入深，由易到难，由表及里。老师认真批改，评价鼓励，大家受益匪浅。高考的成绩是对老师辛勤劳动的最好回报，我们班的高考数学平均分较其他班高出近 10 分，高分段人数遥居第一。

我现在是暨南大学经济学院金融学专业的大二学生，金融学专业对数学要求甚高，而我因高二与高三受教于贾国富老师，得益于此，在大学数学的学习路上较为顺利。

（4）金玉良言课生动。

平时而言，贾老师课堂讲课风格是规范严谨、语言生动的。对每一道题目，他基本都坚持板书，每逢讲到关键的要点时总会屡次强调、解释并适当延伸。他恰到好处的数学警句，可谓金玉良言，字字珠玑，如春风化雨。如讲到数学运算和分析理解时，一句“能化简先化简，可画图就画图”，使同学们眼前一亮，思路开阔；讲到函数等题型时，“定义域优先，严谨又简便”，使大家对易错的定义域问题印象深刻，警钟长鸣。

贾老师任劳任怨，以苦为乐，勤奋不知累。在大大小小的测试与考试中，每次都坚持自己手写一份答案，这一份份手写版的答案，凝聚了他很多的心血。在每道题的解析中都会有重点画线、相关知识点与误区提醒等富有经验的批注，使得每个同学都能轻松地通过一次次测试掌握和锁定一大批知识点与易错点。因此，每逢我抱着沉甸甸的手写版答案走进教室时，总是会受到很多同学的欢迎。

贾国富老师为广州市第八十六中学的教育事业，为广州市的教育事业作出了杰出的贡献。作为他的一名普通的学生，我想对他说一声：辛苦了，贾老师！

（广州市第八十六中学 2015 届学生张泽颖）

良师益友　大爱无疆

——终生难忘的贾国富老师

2003年，我们有幸成为八十六中宏志班一员，特别幸运的是成为贾老师的学生。刚从广东农村来的我们，对城市的一切充满好奇，但也对身边的环境胆怯，无法融入高中的生活。但贾老师没有放弃这样的我们，无论是在学习上还是生活上，总是对我们多加鼓励与支持。

在学习中，您总是让我们多发言，多表达自己，提高沟通表达能力，课后也总是抽时间辅导我们的功课，让我们的数学成绩有了很大的提高；在生活中，您总是关心我们的衣食住行，每逢佳节，担心我们这批外来的学生孤单，总是陪我们一起度过每一个端午节、中秋节，让我们把八十六中当作家。贾老师就是我们最亲的家人。您大爱无疆，教会我们如何学习，如何做人，如何待人接物。

忘不了，在教学上，您总能关注每一个学生，不管他学习成绩好还是差，不管他是城市的还是农村的。您采用的分层教学法，使每个层次的学生各得其所，都有收获。分层负分评价，使每个学生都能感受进步的喜悦，获得学习的快乐。大家学习兴趣逐渐增强，从讨厌数学、不愿做数学作业转为喜欢数学、愿做数学作业。

您在课堂上尽自己最大的努力把知识传授给我们，课下如果我们有任何问题，您也十分耐心地帮助我们。记得有一次，临近高考了，海燕因为学习压力跟心理压力都特别大，觉得自己跟不上大家的步伐，释放不了心理的压力，就去找您倾诉。没想到，一见到您，马上就哭了起来。您耐心地在旁边等海燕哭完后，询问事情的来龙去脉，并说："这是考前焦虑情绪，很正常的，不用担心。高考前保持适度的焦虑还有利于提高效率呢！"您的开导让海燕调整了状态，学习也有了动力，顺利通过了高考。

您为了减轻同学们考前的焦虑，经常给大家讲幽默故事，使大家情绪保持稳定。为缓解同学们面对高考的怯场心理，您给大家讲了一段幽默：新婚夫妇招待完亲朋好友，说了一句客套话："第一次结婚，没有经验，招待不周，请各位谅解！"大家哄堂大笑，谁结婚时会准备第二次结婚啊？笑后，同学们恍然大悟：大家不都是新手，第一次高考吗？不要担心怯场，谁也没有打算参加第二次高考哇！

老师，在高考前夕，您仍然朝夕陪伴着我们。您淡定从容的神态，给我们增添了考前定力和信心。永远忘不了，在考前自主复习的阶段，您每天早早来到教室，在黑板上写下一句励志话语。"长风破浪会有时，直挂云帆济沧海。""只要平时落实了，不愁高考考不好。不到长城非好汉，不考本科心不甘！""回归补缺很重要，亡羊补牢不算晚；每天只需增一分，高校大门随你进。""谁笑到最后谁笑得最好。狭路相逢，勇者胜。"这些话语我们至今记忆犹新。您教我们释放压力的方法，不但帮助我们顺利通过高考，而且让我们在以后的生活和工作中得以从容应对困难与逆境。

贾老师，您是我们的良师益友，学生终生难忘。谢谢您！

（广州市第八十六中学2006届学生刘运辉、曾海燕）

耐住寂寞　坚守信念

——我的高中班主任贾国富老师

现如今的社会，不缺侃侃而谈、衣着光鲜的大V大咖，不缺雄心勃勃、呼风唤雨的意见领袖。然而，能够耐得住寂寞，坚持在自己的业务上精益求精，坚持不懈地用真心去影响、去感动身边人的人，却少之又少。我的高中班主任贾国富老师就是其中之一。他，守住清贫，矢志育人，用他忠诚于教育事业的心和坚韧不拔的信念，

坚守教育教学第一线，守望讲台近40年。

高中是人生最重要的时期，是一个人从少年走向成人的时期，是一个人性格真正形成的时期，而且对人今后一生的影响也意义重大。

1993年9月1日，是我一生难忘的日子。这一天，我踏进了高中的校园。在人生最重要的时期，我遇到了一位非常优秀的班主任老师，可以说这是我一生中最幸运的事情。

如同千千万万新入学的高中生一样，在入学的那一刹那，是无法想象三年艰苦的高中生活的，也无法感受到高考的压力，同样无法明白优秀的老师与一般老师的区别。1993年，我们高中提前录取了120多名初中毕业生，然后按照成绩，按顺序平均分配到两个班。在入学时，几乎各方面相同的两个班级，由于班主任老师的差别，产生了巨大的差异。

入学之后，我们按照程序进行军训，按照程序进行考试，按照课表进行学习。一切都是按部就班地进行着。当时哪能想象得到后来的巨大成绩呢？从一年级下学期开始，基础水平几乎相同的两个班成绩开始分化，我们班的平均成绩及优秀成绩人数，远远超过了另外一个班。是不是我们班管得太严格，为了学习而限制了课外活动呢？并不是。我们班在各种课外活动中都有突出的表现，尤其是在校运动会上，我们班的体育成绩，也是遥遥领先于别班。跳高、长跑、短跑、铅球项目都得了冠军，我也得了跳高的亚军。

贾老师当了我们三年的班主任，同时，也教了我们三年数学。高中的数学是很难的，但贾老师讲数学深入浅出，细致有规律，我对数学的兴趣就是从那时候培养起来的。

高中时代的学习是那么紧张，也是那么枯燥。为了迎接“千军万马挤独木桥”的高考，课外活动也是少得可怜。一切似乎都是按部就班地进行，我们也察觉不到什么区别。但一次又一次的成绩又显示出肯定有什么不一样。这是什么原因呢？回忆起来，贾老师和其他老师最大的不同就在于：其他的老师只是重视上课讲知识点，而贾老师更重视的是调动大家的兴趣，同时为大家创造宽松的环境。

贾老师施行的是分层教学法。他把班上学生按学习基础和智能分为A、B、C三个层次，对课堂上的问题的要求有明确的层次区别，课后作业和训练题要求也不同，同学们戏称为“分槽喂养”。一般地，基础弱的A组可以不做附加题，中等生B组选做附加题，而功底好的C组必做附加题。评价效果并不是按考试成绩高低，而是看在原来层次基础上提高多少，就是每个同学只在本组内进行比较。这样，每个同学都可能得到表彰，每一点进步都可以得到肯定。随着时间的推移，大家的学习兴趣逐渐增强，当然事半功倍，效果就渐渐显现了。

贾老师经常进行所谓“百题无差错”竞赛，号称“百题大战”，就是每隔一段时间，把一些基本知识点、基本运算和运算小技巧编成一百道小题进行训练。对于中下等生，这样的训练效果很好。同学们经常惦记着这一章内容快学完了，及时把基本内容复习熟练，迎接“百题大战”。

“确保人人成才，力争个个升学。”这是二班张贴在教室前面的班级标语，是贾老师与二班同学一起制定的深入人心的“行动纲领”。在1996年高考中，二班过重点大学线26人，全班42人都过了省线，在襄樊市遥遥领先，实现了贾老师“确保人人成才，力争个个升学”的夙愿。刘勇飞、李育辉同学分别考入清华、北大，创下一中历史最佳水平。这些都成为二班师生一生美好的记忆。

一转眼，高中毕业已经19年过去了。这19年里，我高中时代所受的教育仍在影响着我。

我时常在想，如果我的高中时代没有遇到贾国富老师，那这19年的道路会不会不一样。在人生最重要的高中时期，遇到贾老师，真是我的一生之幸。欣闻贾老师又获得“全国模范教师”称号，特写此文祝贺！

“饮其流者怀其源，学其成时念吾师！”

（湖北省襄阳县一中1996届学生屠海峰）

④ 所获主要荣誉

序号	所受奖励	颁发单位	获奖时间
1	全国模范教师	国家人力资源和社会保障部 教育部	2014 年 9 月
2	南粤优秀教师	广东省教育厅 总工会	2012 年 9 月
3	湖北省特级教师	湖北省人民政府	2001 年 10 月
4	广州市优秀教师	广州市教育局	2005 年 9 月
5	国家级中小学骨干教师	国家教育部 陕西师范大学	2012 年 10 月
6	广州市特级教师工作室主持人	广州市教育局	2013 年 1 月
7	广州市“好教师”	广州市教育局	2015 年 10 月
8	湖北省优秀教师	湖北省人事厅 湖北省教育厅	1994 年 9 月
9	湖北省优秀数学教师	湖北省教育厅	2001 年 9 月
10	襄樊市教育科学研究先进工作者	襄樊市教育局	1999 年 12 月
11	襄樊市学科带头人	襄樊市教育局	2001 年 12 月
12	襄樊市拔尖人才	襄樊市人事局	1997 年 12 月
13	广州市学习型家庭	广州市妇女联合会	2007 年 3 月
14	广州市书香家庭	广州市妇女联合会	2009 年 8 月
15	全国数学竞赛优秀辅导员	襄樊市教研室 中学数学学会	1990、1992、1996、1998、1999、2000、2001 年
16	数学竞赛优秀辅导员	广州市教研室 中学数学学会	2004、2008、2011 年

（续上表）

序号	所受奖励	颁发单位	获奖时间
17	优质课一等奖	襄阳县教育局	1992 年 10 月
18	论文《分组教学　防止两极分化》获一等奖	襄樊市教研室 中学数学学会	1994 年 10 月
19	论文《斜线在平面上的射影　直线与平面所成的角》获一等奖	襄樊市教研室 中学数学学会	1997 年 6 月
20	论文《因材施教　优化素质教育主渠道》获一等奖	襄樊市教研室 中学数学学会	1999 年 12 月
21	优秀共产党员	广州市第八十六中学 中共黄埔区教育局委员会	2008 年 7 月、2010 年 9 月、2017 年 6 月
22	论文《有心二次曲线中点弦性质及其应用》获一等奖	襄樊市教研室 中学数学学会	2001 年 1 月
23	优秀班主任	湖北省襄阳县第一中学 广州市第八十六中学	1993、1996、1999、2000、2004、2006 年
24	论文《几何画板与高中数学的整合》获一等奖	黄埔区教研室 黄埔区教育学会	2005 年 1 月
25	论文《节外生枝　大有文章》获一等奖	广州市教研室	2005 年 6 月
26	论文《善诱课内节外生枝　即兴评价促进发展》获一等奖	广州市教育局	2005 年 12 月
27	高考特殊贡献二等奖	黄埔区教育局	2005 年 9 月
28	黄埔区名教师	黄埔区教育局	2012 年 9 月
29	感动八十六中人物	广州市第八十六中学	2013 年 12 月
30	八十六中学功勋教师	广州市第八十六中学	2015 年 12 月
31	黄埔区高层次人才	黄埔区人事局	2017 年 1 月

参考文献

[1] 孔凡哲，孟祥静．新课程理念下的创新教学设计．长春：东北师范大学出版社，2005.

[2] 为了中华民族的复兴　为了每位学生的发展：《基础教育课程改革（试行)》解读．上海：华东师范大学出版社，2001.

[3] 黄秦安．数学哲学与数学文化．西安：陕西师范大学出版社，1999.

[4] 朱立明．基于深化课程改革的数学核心素养体系构建．中国教育学刊，2016（5)．

[5] 张科．学习小组模式下高中数学分层作业的分层讲评策略．福建中学数学，2015（5)．

[6] 甘绮雯．方程的根与函数零点的教学分层设计与反思．数学学习与研究，2016（17)．

后 记

我的人生没有远大目标，但我的人生有大方向。我人生的大方向就是努力向上，与时俱进。我也有许多小目标，就是上好每节课，做好每件事，充实每一天。

我从教近四十年，对教育情有独钟，执着守望在教学一线，教育经历丰富，感悟良多。在三尺讲台上，虽无法实现叱咤风云、显赫一世，但有众多弟子与你为伴，有成批同仁与你为伍，因此你不会寂寞，且人生非凡。四十载春秋，做教师虽然不可能建大功立大业、腰缠万贯，但思想上绝不清贫，即使是与微信群、QQ 群朋友的交流，也能丰富我的精神家园，使我正能量满满。

我经常想，在我退休后一定要写一部回忆录，把自己的教育故事、经历和感悟记录下来，并分享给同行，这应该是一件有意义的事。“走进广州好教育”遴选“好教师”征集人选，给我提供了机会，促使我把教育实践回顾提速至退休以前。

遴选为广州市“好教师”，我感觉受之有愧。但静下心来，回顾自己近六十年成长历程和近四十年教育实践，抒发一下自己的教育情怀，还是很有意义的。一路走来，沐浴恩泽，有那么多人在栽培教育、关心爱护、支持帮助我，我满怀感恩！

然而，待我真正动笔的时候，感觉素材倒是不少，但要“著”成书却异常艰难，书稿迟迟不能完稿。目前，我主持广州市特级教师工作室，还带两个班的数学课，虽说忙了点，但这绝不是完不成稿件的主要原因。原来总以为“耐心和细心”是自己的习惯，“没有做不完的事，没有做不了的事”是自己的特质。现在怎么了？年

龄不到六十岁，还没有“船到码头车到站”呢，不能这样老气横秋，应该振作精神。

我不是一名教育专家，自诩“学者型教师、实践型教育者”。我的成长，受惠于长期坚守在教育第一线的实践经历，包括同事和学生、学员的配合支持，得益于多所师范名校大师的悉心指导。经过深刻反思，我决定静下心来利用寒暑假等时间，力求把自己四十年教育所行、所获、所思、所悟呈于纸上，期望能让教育同仁和普通读者有所启迪。

拙作得以出版，有太多的人需要感谢：

感谢广东省人民政府、广州市人民政府、广州市妇女联合会、黄埔区总工会、教育工会等领导的亲切关怀和鼓励，你们给我精神力量，使我长足远行。

感谢广州市教育局和黄埔区教育局的领导，你们高瞻远瞩，深谋远虑，使广州市的基础教育春暖花开，走在教育创新的前列。“好教师”是你们呵护关怀出来的。

感谢广东第二师范学院的吴惟粤主任和陈静安教授等，你们热情鼓励，耐心帮助，悉心指导，帮助本书定稿。

感谢华南师范大学基础教育培训与研究院的领导和老师们，几年来，你们精心设计和培养，促进教师专业成长，助推广州教育发展。特别感谢吴颖民院长、黄牧航副院长和宋春燕博士等，你们的指导和培训，使我工作室的教育活动开展得有声有色。

感谢华中师范大学和陕西师范大学的领导和老师们，你们传授的教育专业理论和实践方法等，使我受益终身。

感谢广州市第八十六中学的领导和朝夕相处的同事，你们的包容和支持使我在南粤教坛的十五年充实、愉快。

感谢湖北省原襄樊市教育局、原襄阳区教育局的领导，你们多年的培养和指导，使我顺利成长，奠定了终身从教的基础。

感谢我工作过的湖北省原襄阳区第一中学、原襄阳县师范学校、原襄阳县新街中学和新街小学的领导和同事们，在那流金岁月，你们的帮助和支持，我终身铭记。

感谢我久违的小学、中学和大学的老师们，时光流逝，师恩难忘，你们的榜样力量引领我守望教坛，你们是“好教师”的原型。

感谢工作室顾问的精心指导和策划；感谢工作室的同仁，我们亦师亦友，志同道合。

感谢广州市教育研究院、黄埔区教研室、黄埔区科研办、教师进修学校的领导和专家的指导和支持。

感谢书中提及的协作学校和教师工作室对我工作室教师专业研修、教育课题研究的鼎力相助。

感谢我的历届学生和学员，是你们陪伴我度过40年的教育生涯，你们发出的光照亮了我的教育之路。

感谢父母给了我生命，抚育我成人，感谢家人历年的分忧和关心；感谢亲戚、朋友和同学们的持久关注和大力支持。

最后赋拙诗两首，献给所有热爱、关心教育的人，献给支持和帮助我的人，献给愿耐心倾听我诉说的读者。

追 梦

梦想是光，照亮绚丽希望；梦想如航，引领奔驰远方。
编织梦想，谨记恩师期望；流金岁月，美梦伴我成长。
守望梦想，不惧寂寞路长；缘为梦想，楚粤初心不忘。
传递梦想，共享春暖花香；与你同行，拨开心灵之窗。
珍藏梦想，人生幸福徜徉；三尺讲台，四十春秋何妨？

南粤教缘

地北天南，登高望远。绿水青山，碧海蓝天四季暖。
域广州宽，海纳百川。南粤教缘，同仁携手诗百篇。
盛世华诞，群星璀璨。百花满园，羊城教育迎春天。

贾国富

2017年7月于广州天河盈彩美居